MÜNSTERSCHWARZACHER KLEINSCHRIFTEN

herausgegeben
von den Mönchen der Abtei Münsterschwarzach

Band 81

Anselm Grün OSB

Biblische Bilder
von Erlösung

VIER-TÜRME-VERLAG MÜNSTERSCHWARZACH
1993

Anselm Grün OSB

Biblische Bilder von Erlösung

VIER-TÜRME-VERLAG MÜNSTERSCHWARZACH
1993

Die Deutsche Bibliothek – CIP-Einheitsaufnahme

Grün, Anselm:
Biblische Bilder von Erlösung / Anselm Grün –
1. Aufl. – Münsterschwarzach : Vier-Türme-Verl.,
– 1993
   (Münsterschwarzacher Kleinschriften ; Bd. 81)
   ISBN 3-87868-484-3
NE: GT

1. Auflage 1993
Gesamtherstellung: Vier-Türme-Verlag, D-97359 Münsterschwarzach Abtei
© by Vier-Türme-Verlag, Münsterschwarzach Abtei
ISSN 0171-6360
ISBN 3-87868-484-3

INHALT

Einleitung

Den Anlaß zu dieser Kleinschrift über die eher dogmatische Frage nach der Erlösung haben viele Fragen gegeben, die mir Jugendliche bei unseren Kursen immer wieder gestellt haben und auf die ich im Gespräch mit vielen Ratsuchenden oft gestoßen bin. Als ich am Karfreitag zur Einführung in die Liturgie etwas über die biblische Botschaft von der Erlösung vorgetragen hatte, fragten mich viele Jugendliche, wo man darüber etwas nachlesen kann. Nun gibt es eine große Zahl von Büchern über die Erlösung, aber mir fiel dennoch nicht ein, was ich ihnen raten könne. Viele Bücher sind nur für Theologen gedacht und nicht für die vielen Glaubenden, die sich Gedanken über ihren Glauben machen und sich oft im Stich gelassen fühlen. Daher will ich versuchen, die vielen Bücher, die ich selbst über Erlösung gelesen habe, in eine Sprache zu übersetzen, die das menschliche Herz anspricht. Erlösung ist ja nicht ein rein intellektuelles Thema, sondern sie betrifft unsere tiefste Sehnsucht. Ob mich die Frohe Botschaft der Bibel anspricht oder nicht, das hängt auch davon ab, ob ich da eine Antwort auf meine Fragen und Nöte finde und ob meine Sehnsucht nach Erlösung und Freiheit, nach einem geglückten Leben berührt wird.

Die Fragen, die mir Jugendliche immer wieder stellen, betreffen einmal die Erfahrung von Erlösung. Sie fragen, wo und wie wir denn heute Erlösung erleben können. Oft genug gehen solche Fragen mit der Feststellung einher, daß die Erlösung durch Jesus Christus doch unsere Welt nicht verwandelt hat. Die Kriege sind eher mehr geworden, die Menschen fühlen sich – so meinen die meisten – heute doch schlechter als früher, sie haben keinen Halt und sie sehen keinen Sinn in ihrem Leben. Manche meinen auch, die biblische Botschaft von der Erlösung gehe sie nichts an, sie gebe keine Antwort auf ihre Fragen. Andere spüren in sich überhaupt keine Sehnsucht nach Erlösung. Ihnen geht es gut. Und sie wehren sich dagegen, das menschliche Leben erst in düsteren Farben zu schildern, um dann die erlösende Botschaft anzupreisen. Aber während in den siebziger Jahren die Erlösungsbedürftigkeit des Menschen in Frage gestellt wurde, ist dieser Lebensoptimismus heute weniger zu spüren. Es gibt nicht nur die ungelösten politischen Probleme der Armut in der Dritten Welt, der Umweltzerstörung oder der ständigen Kriege. Auch in Europa fühlen sich die Menschen trotz ihres Wohlstandes nicht glücklich. Psychische Erkrankungen nehmen zu, das Gefühl einer diffusen Depressivität läßt sich überall beobachten. Viele finden keinen Sinn in ihrem Leben. Andere sind von Zwängen beherrscht, aus denen sie nicht ausbrechen können. Die Menschen suchen überall nach Lebenshilfe. Sie nehmen mehr denn je psychologische Angebote wahr oder sie suchen bei östlichen Religionen nach Techniken, glücklicher und zufriedener leben zu können. Viele finden im Christentum keinen Weg der Erlösung, sie hören die erlösende und befreiende Botschaft Jesu nicht aus der christlichen Verkündigung und Praxis heraus. In dieser Kleinschrift möchte ich die Erlösungsbotschaft der Bibel so darlegen, daß sich viele eingeladen fühlen, in der Bibel nach einer Antwort auf ihre tiefsten Fragen und nach Wegen zu einem geglückten Menschsein zu suchen.

Viele Jugendliche können heute mit den traditionellen Aussagen über die Erlösung nichts mehr anfangen. Es sind für sie reine Worthülsen, die sie nicht treffen. Andere führen die Antworten des

Katechismus im Munde. Aber wenn man nachfragt, können sie nicht erklären, was sie damit eigentlich meinen. Und auch bei Erwachsenen entdecke ich oft, daß sie nicht mehr wissen, was sie eigentlich glauben sollen. Da bringt einer in der Diskussion den Einwand, daß wir doch allein durch Jesus Christus erlöst seien, daß Christus für uns am Kreuz gestorben sei, um uns zu erlösen. Aber warum uns gerade der Tod Jesu am Kreuz erlösen solle, das können sie nicht erklären. Andere reduzieren die Erlösung auf die Vergebung unserer Schuld. Christus habe unsere Schuld am Kreuz gesühnt. Aber was das bedeutet, können sie nicht mehr erklären. Sobald man versucht, über den Glauben zu diskutieren, darüber nachzudenken, ihn zu erklären, spüren sie, daß sie sich kaum Gedanken darüber gemacht haben, daß sie viele kirchliche Aussagen einfach übernommen haben, ohne sie zu reflektieren.

Wenn ich einen Vortrag halte über Meditation, über die mystische Tradition des Mönchtums, über die spirituellen Methoden, die die frühen Mönche entwickelt haben, werde ich immer wieder gefragt, ob das nicht Selbsterlösung sei. Jede psychologische oder spirituelle Technik ist für viele schon eine Art Selbsterlösung. Und sie versuchen, entschieden zu vertreten, daß allein Jesus Christus uns erlöst habe und daß wir Erlösung nur in ihm erfahren könnten. Wenn ich dann noch von der Weisheit anderer Religionen spreche, werde ich oft in meiner Rechtgläubigkeit in Frage gestellt, ob das denn noch christlich sei. Ich erlebe da oft eine Fixierung der Erlösung auf Jesus Christus. Auch wenn wir als Christen mit Paulus bekennen, daß Christus der einzige Mittler ist zwischen Gott und den Menschen, so müssen wir doch mit den Kirchenvätern daran festhalten, daß Gott schon seit Urzeiten zu den Menschen gesprochen und ihnen sein Heil und seine Erlösung geschenkt hat. Gott ist für alle Religionen immer auch der erlösende Gott. Glaube ist in allen Religionen wesentlich der Glaube an das rettende und befreiende Wirken Gottes. Jesus Christus ist der Gipfel und Vollendung der Erlösung. Aber wir dürfen nicht so tun, als ob Erlösung erst mit Jesus Christus anfange. Gott ist schon immer der erlösende Gott. Und er wirkt Erlösung auch in anderen Religionen. Die spirituellen Methoden, die die verschiedenen Religionen entwickelt haben, sind nicht Selbsterlösung, sondern Antwort auf Gott, der an uns wirken und uns heilen und befreien möchte.

Viele Leute scheinen ein magisches Verständnis von Erlösung zu haben. Sie glauben, daß Christus uns in seinem Tod ein für allemal erlöst hat. Das ist zwar biblisch korrekt, aber die Frage ist, was es bedeutet. Die Bibel hält mit der Einmaligkeit der Erlösung in Jesus Christus auch daran fest, daß die Erlösung durch die Verkündigung und durch die Glaubenspraxis der Jünger in die Welt getragen werden soll. Wir sind nicht nur Objekt der Erlösung, sondern zugleich Subjekt. Christus hat an uns gehandelt, aber er hat uns auch für würdig befunden, sein erlösendes Wirken, sein heilendes und befreiendes Tun in unserem Handeln in die ganze Welt zu bringen, damit mehr und mehr die ganze Welt von der Erlösung in Jesus Christus geprägt wird.

Wir können heute nur angemessen von Erlösung sprechen, wenn wir es im Dialog mit anderen Religionen tun und wenn wir zugleich die politische und gesellschaftliche Bedeutung der Erlösung mit bedenken. Erlösung ist nicht nur rein individualistisch zu sehen. Schon das AT erzählt, wie Gott das ganze Volk aus der Gefangenschaft befreit hat, ja wie Gott auch der Arzt und Heiler der

Schöpfung ist. Der Kolosserbrief hat die kosmische Bedeutung der Erlösung beschrieben. Erlösung gibt es für die Bibel auch für den Kosmos, für die Pflanzen und Tiere, für die Schöpfung, die Gott uns geschenkt hat und die wir durch unsere Sünde immer wieder zerstören und gefährden.

Es soll in dieser Kleinschrift nicht darum gehen, die ganze Theologie der Erlösung (die sog. Soteriologie) zu entfalten. Ich möchte mich darauf beschränken, in der Bibel nach den wichtigsten Bildern von Erlösung zu suchen. Dabei wird deutlich werden, daß es schon in der Bibel verschiedene Bilder gibt, Erlösung zu beschreiben und zu verstehen. Lukas, der Grieche, versteht Erlösung anders als der Jude Matthäus. Wenn wir der Bibel gerecht werden wollen, dürfen wir die Erlösungslehre nicht auf ein Modell reduzieren. Wir sollen wie die Bibel das Geheimnis unserer Erlösung in Jesus Christus mit verschiedenen Bildern beschreiben, wohl wissend, daß es immer nur Versuche sind, das Unverständliche verständlich zu machen. Es bleibt immer das Geheimnis der göttlichen Liebe, die der Grund unserer Erlösung ist. Dabei spricht eben nicht nur das Neue Testament von der Erlösung, sondern die ganze Bibel. Um die neutestamentlichen Texte von der Erlösung durch Jesus Christus zu verstehen, muß ich sie daher auf dem Hintergrund des Alten Testamentes lesen. Daher möchte ich vor den neutestamentlichen Bildern von Erlösung auch einige alttestamentliche Vorstellungen beschreiben. Ich erhebe dabei nicht den Anspruch, einen Beitrag zur wissenschaftlichen Theologie zu leisten. Ich will nur versuchen, auf dem Hintergrund der Theologie die Erlösung so zu beschreiben, daß sie sowohl der kirchlichen Tradition als auch dem heutigen Menschen gerecht wird. Dabei geht es immer um drei Fragen: 1. Wie versteht das biblische Buch die Erlösung und wie wird das biblische Bild in der Tradition entfaltet? 2. Auf welche Not antwortet das Erlösungsmodell? 3. Wie geschieht die Erlösung an mir? Wie und wo erfahre ich heute die Erlösung durch Jesus Christus? Und wie wird die Erlösung vermittelt? Dabei soll versucht werden, die Erlösungsbotschaft der einzelnen biblischen Bücher im Dialog mit verschiedenen psychologischen Schulen neu zu formulieren, so darzustellen, daß sie uns im Herzen anspricht, daß wir darin eine Antwort auf unsere Fragen und Sehnsüchte entdecken.

1. Erlösung nach dem Alten Testament

Im AT spielt der Gedanke der Erlösung eine zentrale Rolle. Gott wird immer wieder als Erlöser bezeichnet. Dabei denken die Israeliten vor allem an ihre persönliche Situation, an ihre alltäglichen Nöte und Bedrängnisse, an Angst und Verzweiflung, an Resignation und Enttäuschung. Aber sie haben auch die Bedrängnisse des Volkes im Blick, Gefangenschaft, Krieg, Hungersnot und Seuchen. Gott erlöst sie, wenn sie zu ihm gehen und um Hilfe bitten. Das AT braucht dabei verschiedene Begriffe. Der erste Begriff bedeutet: helfen, beistehen, retten. Gott hilft dem einzelnen in seiner Not, in Krankheit, im Unglück und er hilft dem ganzen Volk, wenn es in einer schwierigen Lage ist. Erlösung besteht also einfach darin, daß Gott etwas für die Menschen tut, daß er barmherzig ist und sich um uns und unsere Nöte kümmert und uns daraus errettet.

Der zweite Begriff padach kommt aus dem Handelsrecht und heißt loskaufen. Er bedeutet den Freikauf von Mensch und Tier, das einem anderen gehört. So hat Gott die Israeliten, als sie Sklaven in Ägypten waren, losgekauft, befreit aus der Hand ihrer Bedränger. Der dritte Begriff gaal ist ein familienrechtlicher Begriff und heißt auslösen. Ein Schwager mußte z.B. die Frau seines Bruders auslösen, wenn der Bruder starb. Sonst wäre die Frau rechtlos gewesen. Von Gott wird hier also ganz familiär gesprochen. Er ist der, der sich um uns kümmert, um unser Recht und unser Wohl, so wie es Pflicht eines Verwandten ist.

Noch viele andere Bilder beschreiben Gottes Erlösungshandeln. Gott schützt uns, er heilt unsere Wunden, unsere Krankheiten. Er ist uns Halt und Stütze. Er reißt uns heraus aus der Not, aus dem tiefen Schlamm, aus gewaltigen Wassern, aus der

Hand der Feinde. Hier wird deutlich, daß Erlösung etwas mit unserem alltäglichen Leben zu tun hat, und daß man sie nicht einseitig in die Vergangenheit verlegen und nur auf die Schuld gegenüber Gott beschränken darf. Die Israeliten erfahren Tag für Tag, daß Gott ihr Erlöser und Befreier ist, daß er eingreift in ihr Leben und ihnen hilft. Dabei war vor allem der Kult der Ort, an dem Israel Erlösung und Heil erfahren hat. Im Gottesdienst bekannte der Israelit seine Schuld. Im Ritus wurde die Schuld objektiviert und damit vom Menschen weggenommen: „Der Mensch hatte etwas hinter sich gelassen und war von den Menschen, ja vor Gott neu akzeptiert. Er war wieder er selbst. Dies gilt für den einzelnen, es gilt jedoch auch für ganz Israel, wenn es sich um die Erkenntnis nationaler Schuld und um nationale Sühne handelt." (Lohfink 35) Im Gottesdienst erfuhr der Israelit jedoch nicht nur die Vergebung seiner Sünden, sondern auch die Errettung aus jeglicher Not. Das beschreiben zahlreiche Psalmen, in denen der Beter seine Not vor Gott ausbreitet und dafür dankt, daß Jahwe sein Schreien gehört und rettend und heilbringend eingegriffen hat. Jahwe rettet aus der Not, aber vor allem befreit er aus der Macht der Feinde. Die vielen Feinde, von denen in den Psalmen immer wieder die Rede ist, objektivieren die Angst des Menschen vor innerer und äußerer Bedrohung nach außen, auf konkrete Menschen. Letztlich ist der Feind „das in der Gestalt des Todes auftretende Nichts". (Lohfink 38) Beim Kult erfuhr Israel Gottes Nähe. Und wenn Gott nahe ist, dann ist alles heil, „dann war der Erdkreis von Lachen erfüllt, und alle Völker klatschten in die Hände" (Lohfink 41). „Jahwe selbst ist als der für Israel Daseiende Israels Heil." (Ebd 41)

Israel gerät in seiner Geschichte häufig in Not

und Unheil, in Gefangenschaft und Unterdrückung. Und immer wieder errettet es Jahwe daraus. Daher kennen die meisten Schriften des AT nicht eine Erlösung durch eine einmalige Tat, sondern Gottes erlösendes Wirken durch die Jahrhunderte hindurch. Nur das Deuteronomium kennt eine einmalige Heilstat Jahwes an seinem Volk, den Auszug aus Ägypten. Dieser einmaligen Befreiungstat gedenkt man in der jährlichen Passahfeier. So bekennt das Volk in Dt 6,21f: „Wir waren Pharaos Knechte in Ägypten, aber der Herr hat uns mit starker Hand aus Ägypten weggeführt. Der Herr tat vor unseren Augen gar große und schreckliche Zeichen und Wunder an Ägypten, am Pharao und seinem ganzen Hause. Uns aber führte er von dort hin, um uns das Land zu geben, das er unseren Vätern zugeschworen hat." Für den Jahwisten dagegen ist der Exodus aus Ägypten nur ein Errettungsgeschehen neben vielen anderen. Ihm geht es um das Heil aller Völker. Abraham und die Patriarchen und später das ganze Volk wird zum Segen für alle Völker. Aber Jahwe selbst macht das Volk, oft gegen seinen eigenen Willen, zum Segen für die Welt. Im Exil spricht man auf einmal weniger von der vergangenen Heilstat, als vom künftigen Tun Jahwes. Jahwe wird seinem Volk Heil schaffen. Das zeigt sich im Wohlstand, das zeigt sich in der „Heimholung aller Völker unter die Herrschaft Jahwes in Zion" (Ebd 49) und schließlich in der Schaffung grundlegend neuer Strukturen. Jahwe wird einen neuen Bund schaffen und sein Gesetz in das Innere der Menschen legen. Er wird den Menschen ein neues Herz geben, damit sie auf neue Weise miteinander leben können, damit sie einander lieben und Gott erkennen können. Und er wird die Zerstreuten aus allen Ländern heimführen nach Jerusalem, das erfüllt sein wird von der Erkenntnis des Herrn. Hier wird das Bild einer neuen Gesellschaft entworfen, „die nicht mehr den jetzt überall geltenden Strukturen unterliegt" (50) Die Herrschaft Gottes hebt die Herrschaft von Menschen über Menschen auf und schafft ein neues Volk.

Die Not, auf die die Erlösung, wie sie das AT versteht, antwortet, ist vielfältig. Da ist einmal die Schuld des Menschen, in die er sich verstrickt und die dann auch soziale Auswirkungen hat. Es gibt kein Vertrauen mehr in die Menschheit. Der Turmbau zu Babel zeigt den Größenwahn des Menschen, der dann in der Zerstreuung und Feindschaft endet. Als Not, aus der Gott errettet, wird sodann die Krankheit des Menschen beschrieben, die ihn unversehens trifft, der Tod, der ihn bedroht, Armut, Ablehnung, Verachtung, Einsamkeit. Dann die vielfältigen Bedrohungen durch Naturgewalten, durch Unglück und Unfall, und die Bedrohung durch Feinde, durch Menschen, die mir nachstellen, durch Frevler, die sich nicht nach dem Gebot Gottes richten. Die Bedrohung durch Feinde zielt aber nicht immer nur auf konkrete Menschen, sondern meint die Bedrohung des Menschen überhaupt. Sie wird oft in einer mythologischen Sprache beschrieben und bezieht sich dann auf die inneren Bedrängnisse, die Bedrohung durch den eigenen Schatten, durch die Tiefen der eigenen Seele, durch böse Mächte, die in uns wirken. Und Not wird im AT oft in ihrer sozialen und politischen Dimension beschrieben, als Unterdrückung durch die fremden Völker, als Knechtschaft, Sklaverei, Unfreiheit, Ausbeutung. Die Erlösung ist für das AT zwar immer wieder in der Vergangenheit geschehen, gerade durch die Großtaten Gottes, die man im Kult jährlich feiert und an die man sich im Gebet oft erinnert. Aber für das AT geschieht Erlösung immer wieder.

Gott ist seit alters her der Erlöser. Er befreit die Menschen heute aus ihren Nöten, er vergibt ihnen heute ihre Schuld. Der Ort, an dem Erlösung heute den Menschen erreicht, kann das Gebet sein, auf das Gott rettend und erlösend antwortet. Es kann der Kult sein, in dem man der Heilstaten Gottes in der Vergangenheit gedenkt, die dadurch gegenwärtig und wirksam werden. Und die Erlösung braucht die Umkehr des Menschen, die Bereitschaft, seine Schuld zu bekennen. Auf das Bekenntnis der eigenen Schuld antwortet Gott mit der Vergebung der Sünden. Aber es gibt eben auch die öffentlichen Riten der Versöhnung, etwa den Sündenbock, der mit der Schuld des Volkes beladen und in die Wüste hinausgeschickt wird. Erlösung ist das bleibende Angebot Gottes. Die Erinnerung an die Erlösungtaten in der Geschichte will nur den Glauben an den Gott bestärken, der uns heute genauso errettet und erlöst.

Wir können die Botschaft des NT nur dann richtig verstehen, wenn wir sie auf dem Hintergrund des AT lesen. Das AT sagt uns, daß die Erlösung nicht auf Jesus Christus beschränkt ist, so als ob Gott erst in der Menschwerdung seines Sohnes auf die Idee gekommen wäre, die Menschen zu erlösen. Gott ist seit jeher der Erlöser und Heiland. Er hat immer schon den Menschen ihre Schuld vergeben und er hat ihnen im Kult einen Ort geschenkt, an dem sie Erlösung von der Schuld erfahren haben. Und er hat immer schon Menschen aus Nöten errettet, Krankheiten geheilt und ein ganzes Volk aus der Fremdherrschaft und Knechtschaft befreit. Mit Jesus Christus beginnt nicht die Erlösung, sondern in ihm kommt sie zur Vollendung. Nicht Jesus Christus ist der Erlöser, sondern Gott selbst, der die Menschen seit jeher erlöst und befreit. In Jesus Christus wird sein erlösendes Handeln auf neue Weise offenbar, da wird die Erlösung sichtbar in der Botschaft von der Nähe Gottes, in der Heilung der Kranken und im Austreiben der Dämonen. Und das erlösende Handeln Gottes gipfelt auf neue Weise in Tod und Auferstehung Jesu. Da wird die Neuschaffung der Welt, wie sie im AT immer wieder verheißen wurde, Wirklichkeit, da wird die Ursehnsucht des Menschen erfüllt: „Der Tod hat keine Macht mehr über ihn." (Röm 6,9) Und die Verheißung der Propheten wird wahr: „Verschlungen ist der Tod vom Sieg. Tod, wo ist dein Sieg? Tod, wo ist dein Stachel?" (1 Kor 15,54f)

2. Jesu Verständnis von Erlösung

Wenn wir im NT nach der Erlösung durch Jesus Christus fragen, dann müssen wir uns davor hüten, die Erlösung sofort mit dem Tod Jesu in Verbindung zu bringen. Manche meinen, Jesus sei nur auf die Welt gekommen, um für die Sünder zu sterben. Doch das widerspricht seiner Botschaft. Jesus hat die Nähe Gottes verkündet: „Das Reich Gottes ist nahe. Kehrt um, und glaubt an das Evangelium." (Mk 1,15) Und er hat Zeichen dieser neuen Nähe Gottes gesetzt, indem er Kranke heilt, Besessene von ihren Zwängen befreit, Menschen ihre Schuld vergibt und sogar Tote auferweckt. Für Jesus ist das Reich Gottes Wirklichkeit geworden in den Krankenheilungen und in der Austreibung der Dämonen. So hält er den Pharisäern, die ihn des Bündnisses mit Beelzebub verdächtigen, entgegen: „Wenn ich aber die Dämonen durch den Geist Gottes austreibe, dann ist das Reich Gottes schon zu euch gekommen." (Mt 12,28)

Das ganze Wirken Jesu ist erlösendes und befreiendes Wirken. Jesus hat die Nähe des Gottesreiches nicht als Lehre, sondern als Ereignis verkündet. Und Jesus verbindet das Herannahen der Gottesherrschaft mit seiner eigenen Person. In ihm, seiner Botschaft vom barmherzigen Gott und in seinem Handeln, in seiner Begegnung mit den Menschen wird das Reich Gottes sichtbar. In ihm naht sich Gott auf neue Weise den Menschen und verkündet ihnen seinen wahren Willen, einen Willen, der immer das Heil des Menschen will, die Barmherzigkeit und Liebe als sein wahres Wesen. So geschieht Erlösung für die Menschen, indem Jesus mit ihnen Mahl hält, sich ihnen zuwendet, ihnen die Vergebung zuspricht und ihnen durch sein ganzes Verhalten zeigt, daß sie von Gott geliebt sind, daß ihr Leben unendlich wertvoll ist. Erlösung versteht Jesus so, daß er die Menschen Gottes liebende und heilende Nähe spüren läßt, daß er sie aufrichtet und ihnen ihre unantastbare Würde zurückschenkt.

In seiner Verkündigung geht Jesus davon aus, daß die Menschen durch Umkehr und Glauben die Vergebung ihrer Sünden erlangen. In den Worten Jesu spielt sein eigener Tod als Mittel für die Vergebung keine Rolle. Die Exegeten haben sich in den letzten Jahren viele Gedanken darüber gemacht, wie Jesus seinen Tod verstanden habe. Dabei streiten sie, ob die Leidensweissagungen und die Worte, die den Tod Jesu deuten (wie Mk 10,45 und die Abendmahlsworte) von Jesus stammen oder von der nachösterlichen Gemeinde gebildet worden sind. Die Forschung wird da wohl nie zu einem eindeutigen Ergebnis kommen. Aber eines wird aus diesen exegetischen Versuchen deutlich. Wir dürfen die Heilsbedeutung Jesu nicht auf seinen Tod reduzieren, so als ob Jesus nur in die Welt gekommen wäre, um für die Sünden zu sterben. Er ist gekommen, um das Reich Gottes zu verkünden und es mit seinen eigenen Taten als gegenwärtig erfahrbar zu machen. Und Jesus stellt sich die Erlösung von der Schuld zuerst als ein gnädiges Tun Gottes vor, das er allen Menschen anbietet, das aber die Umkehr und den Glauben der Menschen verlangt. Mit seiner Botschaft würde es nicht zusammengehen, wenn wir die Vergebung der Sünden allein als durch seinen Tod bewirkt verstünden. Wenn Jesus selbst daran gedacht hätte, daß er die Menschen durch seinen Tod erlösen müsse, dann wäre es ja sinnlos gewesen, weiter die Umkehr zu predigen und weiterhin die Vergebung der Sünden zu verkünden und auch selbst den Menschen zuzusprechen.

Dennoch muß sich Jesus auch Gedanken über seinen Tod gemacht haben. Denn als die herrschenden Kreise ihn ablehnten und als er Zeuge für die Ermordung Johannes des Täufers wurde, mußte er damit rechnen, daß auch er ein solches Schicksal erleiden werde. Manche tun sich mit solchen Gedanken schwer. Sie meinen, Jesus als Gottessohn habe immer und zu jeder Zeit genau gewußt, wie sein Leben verlaufen und daß er für die Sünden der Menschen sterben werde. Doch Jesus war Gott und Mensch zugleich, und er war als Gottes Sohn ganz Mensch. Und mit dem Verständnis des Konzils von Chalzedon von der Verbindung der beiden Naturen Gott und Mensch ist es nicht zu vereinbaren, daß Jesus als Mensch den menschlichen Gesetzen wachsender Bewußtwerdung enthoben gewesen wäre. Es ist letztlich immer ein Geheimnis, Gott und Mensch in Jesus zusammenzudenken. Aber wir müssen ernst nehmen, daß er ganz Mensch war. Als dieser Mensch, der sich menschlich entwickelt hat, der als Kind noch nicht wußte, was ihm am Ende seines Lebens blühen würde, ist Jesus zugleich wahrer Gott.

Wir werden nie eindeutig klären können, wie Jesus seinen Tod verstanden hat. Da steht das Urteil von H. Patsch, daß Jesus seinen Tod als Selbsthingabe für die Völkerwelt verstanden habe, der Meinung von Kurt Niederwimmer gegenüber, „daß man sich die Möglichkeit nicht verschleiern dürfe, daß Jesus in der Verzweiflung gestorben sei". (Gnilka 14) Von der jüdischen Tradition her lag es nahe, daß Jesus seinen Tod als Prophetenschicksal verstand. Viele Propheten wurden ermordet, weil die Menschen die Botschaft Gottes nicht annehmen wollten. Ein anderes Bild, das Jesus nahe liegen konnte, war das des leidenden Gerechten. Auch die Gedanken von

Sühne und Stellvertretung lagen bereit, um den drohenden Tod nicht als Scheitern zu verstehen, sondern als Hoffnung, daß Gott auch seinen Tod den Menschen zugute kommen lasse, daß sein Tod seine Verkündigung nicht zunichte werden lasse, sondern sie vollende. Wenn seine Worte die Menschen nicht mehr erreichen können, dann kann sie nur noch sein Tod von der Liebe Gottes überzeugen, die allen Menschen gegenüber gilt, selbst den Verstockten und Sündern. Ich möchte nicht in die Diskussion eintreten, wie Jesus seinen Tod wirklich verstanden habe. Heinz Schürmann hat für mich überzeugend versucht, dazulegen, wie Jesus seinen Tod im Sinn seiner Proexistenz verstanden hat, die sein Leben geprägt hat. Wie Jesus für die Menschen gelebt hat, so ist er auch seinen Tod für sie gestorben. Der Tod ist die Fortsetzung und Vollendung seiner Proexistenz, seines Für-die-Menschen-Seins. Aber es wird immer ein Geheimnis bleiben, wie Jesus selbst über seinen Tod gedacht hat. Für mich genügt es, wie die Evangelisten und wie Paulus den Tod Jesu verstanden haben. Ihr Verständnis von Tod und Auferstehung Jesu und ihre verschiedenen Ansätze, Erlösung und Heil zu verstehen, sind für uns Christen bleibende Norm. Sie haben Jesu Leben und Sterben und seine Auferstehung für uns authentisch ausgelegt. Aber ihre verschiedenen Modelle von Erlösung zeigen zugleich, daß wir die Erlösung durch Jesus Christus nicht eindimensional verstehen dürfen. Wir brauchen vielmehr viele Bilder, um durch sie hindurch auf das eine unbeschreibbare Geheimnis von Heil und Erlösung zu blicken. Im Folgenden geht es nicht darum, die theologischen Entwürfe der Evangelisten in ihrer Fülle darzulegen. Ich möchte mich vielmehr mit jeweils einem für den Evangelisten typischen Bild begnügen und der Entfaltung des

Bildes in der späteren Theologie nachspüren. Dabei soll jeweils auch die Not dargestellt werden, auf die die verschiedenen Bilder von Erlösung eine Antwort versuchen.

3. Matthäus: Erlösung von unserer Schuld

Matthäus ist Judenchrist. Er schildert Jesus als den neuen Mose, der das Volk in das Land der Verheißung führt. Entsprechend zu den 5 Büchern Mose entfaltet Jesus bei Matthäus in 5 großen Reden seine Lehre und seine Botschaft. Jesus ist aber mehr als Mose. Er ist der Sohn Gottes, der den Willen des Vaters offenbart. Jesus ist aber nicht nur Lehrer, sondern zugleich Helfer und Heiler. Und er ist jetzt der Herr, der die Vollmacht hat, Sünden zu vergeben. In der Geschichte Jesu wird die Verheißung des AT erfüllt. In der Gegenwart des erhöhten Herrn setzt sich die Erfüllung der Verheißung fort bis zur endgültigen Wiederkunft Christi. (Vgl. Grundmann, Matthäus 26) Der erhöhte Herr ist für Matthäus vor allem der, der in seiner Lehre eine Weisung für das Leben gibt und als Helfer den Menschen Mut macht, sich vertrauensvoll an ihn zu wenden. Wenn wir nach dem Verständnis von Erlösung bei Matthäus fragen, so liegt es sicher in der Linie des AT. Jesus erfüllt, was Gott im AT schon am Menschen getan hat. Er heilt Menschen, richtet sie auf und vergibt ihnen ihre Sünden. Die Vergebung der Sünde steht im Mittelpunkt des Erlösungsverständnisses bei Matthäus. Das wird schon in der Geburtsgeschichte deutlich. Da verkündet ein Engel dem Josef: „Du wirst seinen Namen nennen Jesus, denn er wird sein Volk erlösen aus seinen Sünden." (Mt 1,21) Das Heil, das Jesus bringt, ist die Erlösung von unseren Sünden. Matthäus beschreibt ähnlich wie Markus die Heilungen Kranker durch Jesus. Doch in die Mitte dieser Wundergeschichten stellt er die Heilung des Gelähmten, dem Jesus die Sünden vergibt (Mt 9,1-8). Die Sündenvergebung steht letztlich hinter allen Krankenheilungen. Matthäus schildert Jesus als den Barmherzigen. Zweimal zitiert Jesus als Begründung für sein Tun das Wort aus dem Propheten Hosea: „Barmherzigkeit will ich, nicht Opfer." (Mt 9,13 und 12,7) Wenn sich Jesus der Zöllner und Sünder annimmt, dann geschieht an ihnen Gottes Barmherzigkeit, dann geschieht darin Erlösung als Vergebung der Sünden.

Das sündenvergebende Tun Jesu vollendet sich in seinem Tod. Erlösung ist bei Matthäus also vor allem Erlösung von unserer Schuld. Das wird im Einsetzungsbericht des Abendmahles deutlich. Matthäus bringt als einziger beim Deutewort Jesu über das Blut den Zusatz: „das für viele vergossen wird zur Vergebung der Sünden". (Mt 26,28) In jeder Eucharistiefeier benützen wir Jesu Worte, wie sie uns Matthäus überliefert hat. Da bekennen wir, daß der Tod Jesu die Vergebung der Sünden bewirkt, daß Jesus sein Blut vergossen hat, damit unsere Schuld getilgt wird. Die Lebenshingabe Jesu in seinem Tod ist ein Sühnopfer für die Sünden der ganzen Menschheit. Das ist eine Deutung des Todes Jesu, die für jeden Juden verständlich ist. Denn für die Juden muß jede Sünde gesühnt werden, da muß dafür ein Sündenbock geopfert werden, da muß einer stellvertretend die Schuld auf sich nehmen, um uns davon zu befreien. Die Frage ist, wie wir die Vergebung unserer Schuld verstehen können.

Erlösung wurde vor allem in der westlichen Theologie als Erlösung aus der Schuld gesehen. Tertullian und Augustinus haben diese Sicht für den Westen in den Mittelpunkt gerückt. Anselm von Canterbury hat dann die klassische Satisfaktionstheorie entfaltet, die unserem Verstand erklären will, warum Jesus uns durch seinen Tod am Kreuz von unserer Schuld erlöst hat. Anselm hat zurecht versucht, die Erlösungsbotschaft in seine Zeit zu übersetzen und sie so darzulegen, daß sie unserem Verstand einsichtig ist. Allerdings wurde seine Lehre oft verzerrt. In den Köpfen vieler stellt sie sich vergröbert so dar: Der Mensch hat durch seine Schuld Gott beleidigt. Er kann seine Schuld nicht wiedergutmachen, weil es eine unendliche Beleidigung ist. Eine unendliche Wiedergutmachung kann nur der Sohn Gottes leisten. Wir wehren uns heute zurecht gegen eine Vorstellung von Gott, der die Sühne seines Sohnes braucht, um aus seinem Schmollwinkel herauszukommen und seine Beleidigung aufzuheben. Es wäre ein fatales Gottesbild, wenn Gott den Tod seines Sohnes nötig hätte, um vergeben zu können. Das hat Anselm so auch nicht gemeint. Anselm ging es nicht um den beleidigten Gott, sondern um die Freiheit des Menschen. Wie kann der Mensch, der in Schuld geraten ist, seine Freiheit und Würde wiederfinden? Anselm will aus dem Glauben heraus eine Antwort finden, die auch den Verstand befriedigt. Fides quaerens intellectum, der Glaube, der nach Einsicht sucht, ist für ihn die Grundlage seiner Theologie. Anselm zeigt, daß Gott den Menschen so ernst nimmt in seiner Freiheit, daß er sich auf ihn in seiner Selbstverurteilung einläßt. Im Kreuz Jesu Christi wählt Gott eine Vermittlung der Vergebung, die das menschliche Herz erreicht und es voll Dankbarkeit erkennen läßt: ich darf aufhören mit meinen Selbstvorwürfen, mit meiner Selbstablehnung, mit meinen Schuldgefühlen, die mich zerfleischen. Ich darf ja sagen zu mir, trotz meiner Schuld. Denn Christus hat nicht nur mit seinem Leben, sondern auch noch in seinem Tod Ja zu mir gesagt. Er hat mich so ernst genommen, daß er sich mit mir und meiner Schuld bis in seinen Tod hinein identifiziert und sie so aufgelöst hat.

Greshake, der die Satisfaktionstheorie Anselms eingehend untersucht hat, kommt zu dem Schluß: „Anselm begründet die Notwendigkeit von Satisfaktion damit, daß die Menschheit nur dann ihre Würde zurückerhält, wenn sie selbst durch Gehorsam und Hingabe das Böse besiegt und damit Gott die Ehre wiedergibt, und zwar nicht – wie häufig falsch interpretiert wird – die Ehre, die Gott für sich verlangt, sondern jene Ehre, welche den universalen ordo des Rechts und des Friedens zwischen Gott und Mensch begründet und die somit auch Ehre, Würde und Frieden des Menschen bedeutet." (Greshake 87)

Die Not, auf die die Erlösung von der Schuld antwortet, ist die Erfahrung der eigenen Schuld und Schuldverstrickung. Zwar meinen manche, der Mensch würde sich heute nicht schuldig fühlen. Aber wenn wir genauer hinsehen, so stimmt das nicht. Er fühlt sich zwar nicht als Übertreter von Geboten. Wenn Sünde nur als Übertretung von Geboten verstanden wird, erfährt sich der Mensch heute nicht als Sünder. Aber er weiß auch heute, daß er sein Leben verfehlen kann, daß er oft genug im Zwiespalt zu seinem innersten Wesen lebt, daß er oft genug das Leben verweigert und sich gegenüber der inneren Stimme und gegenüber den Menschen verschließt. Paul Tillich meint, die Schuldangst habe vor allem das Mittelalter geprägt. Martin Luthers Grundfrage war: „Wie kriege ich einen gnädigen Gott?" Heute ist die Schuldangst wohl nicht zentral, dennoch werden auch heute zahllose Menschen von Schuldgefühlen gemartert. Der Mensch fühlt sich heute nicht als Übertreter von Geboten, aber er findet sich ständigen Selbstvorwürfen ausgesetzt. Er zermartert sich, ob er alles richtig gemacht habe, was die andern von ihm denken, ob er wohl vor den Leuten bestehen könne. Eine evangelische Pfarrerin meinte, heute sei die Frage der Menschen weniger: Wie kriege ich einen gnädigen Gott?, als vielmehr: Wie kriege ich einen gnädigen Mitmenschen? Wie komme ich dazu, daß die Menschen mich akzeptieren, mich mögen, mir gnädig sind. Darum kreisen viele Menschen. Sie sind abhängig davon, was die Menschen von ihnen denken, ob sie ihnen gnädig sind oder nicht.

Viele verurteilen sich selbst, weil sie ihren eigenen Idealbildern nicht entsprechen. Sie sind hohen Idealen gefolgt, aber nun spüren sie, daß sie so eng und böse sind wie die Menschen, die sie ablehnen und über die sie sich mit ihren Idealen stellen wollten. So verurteilen sie sich selbst, sie gehen mit sich sehr unbarmherzig um. Die Selbstverurteilung finden wir häufiger in Menschen, als es nach außen hin scheint. Viele quälen sich, ob sie nicht verkehrt gelebt hätten, ob sie nicht verdammt seien. Weil sie sich selbst verurteilen, fühlen sie sich von den Menschen verurteilt. Schuld isoliert und trennt uns von der menschlichen Gemeinschaft. Aus eigener Kraft können wir diese Selbstisolierung nicht durchbrechen. Da ist die Botschaft von der Erlösung aus unserer Schuld wirklich eine Frohe Botschaft.

Die Dichter beschreiben unsere Schuld heute anders als es der Beichtspiegel noch tut. Sie decken dem Menschen auf, wo er heute schuldig wird. Schuldig wird er nicht in erster Linie, wenn er ein Gebot Gottes übertritt, sondern er lädt Schuld auf sich, wenn er sich von ungerechten Verhältnissen, von allgemein üblichen unlauteren Methoden in Schuld verstricken läßt, wenn er die Augen vor der Wirklichkeit verschließt und gleichgültig mit allem bloß mitläuft. Denkfaulheit ist eine Form von Schuld, die Weigerung, sich gegen das Unrecht zu stellen, das bewußte Übersehen ungerechter Strukturen. Die Dichter zwingen uns,

uns immer wieder neu zu fragen, wo wir heute schuldig werden, wo wir Leben verweigern, wo wir unser Menschsein verweigern, das wir letztlich nur in Gemeinschaft leben können, wo wir uns in uns selbst verkriechen. Augustinus hat den in sich gekrümmten Menschen, den homo incurvatus, als Bild für die Schuld gesehen. Die Frage ist, wo wir in uns selbst verkrümmt sind, wo wir uns weigern, der Realität ins Auge zu sehen, der Realität des eigenen Herzens und der Realität unserer Welt.

Schuld bedeutet für C. G. Jung Spaltung. Der Mensch isoliert sich nicht nur von der menschlichen Gemeinschaft, er verliert auch die Berührung mit sich selbst, mit seinem eigentlichen Kern. Sünde ist nach Jung die Weigerung, den eigenen Schatten anzunehmen, und das Projizieren seines Schattens auf die andern. Der biblische Begriff von Sünde (hamartanein) meint ein Verfehlen. Man verfehlt sein Ziel, man verfehlt sein Menschsein. Ein anderer Begriff ist amor sui. Der evangelische Therapeut Affemann meint, die Selbstverstrickung in der amor sui, die narzistische Selbstliebe, würde heute durch die Einwirkungen der Gesellschaft verstärkt, so daß – biblisch gesprochen – die Sünde heute überhand nimmt. Die Psychologen können also durchaus Schuld und Sünde in der menschlichen Gesellschaft und beim einzelnen wahrnehmen. Und sie erfahren in ihrer Beratung, wie sehr Menschen an dieser Unfähigkeit zur Liebe, an der inneren Spaltung, und an der Lebensverweigerung leiden und wie sie unfähig sind, sich selbst aus dieser Verstrickung zu befreien.

Die Frage ist, wie wir die Erlösung von der Schuld verstehen sollen. Was hat die Vergebung mit Jesu Tod am Kreuz zu tun? Wie kann ein vergangenes Ereignis uns Vergebung vermitteln? Gott ist – so sagt uns das Matthäusevangelium – immer der barmherzige, der uns die Schuld vergibt. Er wendet sich in Jesus, seinem Sohn, auf besondere Weise den Sündern zu. Diese Zuwendung zu den Sündern erreicht im Tod Jesu ihren Gipfelpunkt. Gott braucht nicht den Tod Jesu, um uns vergeben zu können. Er vergibt, weil er uns liebt. Warum aber verbindet dann Matthäus und nach ihm die westliche Theologie die Vergebung der Sünden mit dem Tod Jesu? Für mich geht es am Kreuz nicht um die Frage, wie Gott vergibt, sondern wie ich als einer, der sich schuldig fühlt, an Gottes Vergebung glauben kann. Der Tod Jesu am Kreuz ermöglicht es mir, an die Vergebung zu glauben. Wenn ich auf Jesus sehe, der selbst seinen Mördern noch vergibt, dann darf auch ich vertrauen, daß Gott mir meine Schuld nicht anrechnet. Dabei ist das Kreuz jedoch mehr als nur die psychologische Ermöglichung, an die Erlösung zu glauben. Im Kreuz drückt Gott vielmehr seine bedingungslose Liebe zu uns Sündern aus. Wir können nicht sagen, daß das Kreuz die Vergebung erst bewirkt, denn Gott vergibt immer und überall, aber das Kreuz drückt die Vergebung Gottes so aus, daß sie uns erreicht. Karl Rahner spricht hier von der Selbstmitteilung Gottes. Gott teilt sich in seiner vergebenden Liebe im Tod seines Sohnes am Kreuz uns mit. In einem geschichtlichen Ereignis, in dem Tod auf Golgatha, läßt Gott seine vergebende Liebe sichtbar für alle Menschen erscheinen und vermittelt durch dieses Geschehen den Menschen die Vergebung ihrer Sünden. Vermittlung aber heißt, daß Gott nicht an den Tod Jesu gebunden ist, um unsere Sünden zu vergeben. Das ist ja ähnlich bei den Sakramenten. Gott ist auch nicht an die Sakramente gebunden. Er kann z. B. auch außerhalb der Beichte vergeben. So vergibt Gott schon im Alten Testamente den Frommen ihre Schuld. Aber im Tod Jesu wird diese vergebende Liebe sakramental vermittelt. Das Sichtbare drückt das Unsichtbare aus, der Tod Jesu drückt die vergebende Liebe Gottes aus. Und so erreicht uns die vergebende Liebe im Tod Jesu. Insofern können wir auch sagen, daß Christus uns durch seinen Tod am Kreuz von unseren Sünden erlöst hat.

Aber wir müssen uns vor magischen Mißverständnissen hüten, als ob der Tod Jesu notwendig war, damit Gott uns vergeben könne. Gottes vergebende Liebe ist absolut. Sie hat nichts nötig, schon gar nicht den Tod seines geliebten Sohnes. Gott hat schon vor dem Tod Jesu am Kreuz Menschen ihre Sünden vergeben. Gott braucht den Tod seines Sohnes nicht, aber offensichtlich braucht der Mensch das Bild des Kreuzes, um an die Vergebung durch Gott glauben zu können. Er hat von seiner leibseelischen Struktur her die Vermittlung der Vergebung durch den Tod Jesu nötig. Seine Selbstverurteilung hindert ihn daran, an die Vergebung zu glauben. Es genügt ihm nicht, wenn wir ihm sagen, Gott sei barmherzig, er würde ihm schon vergeben. Das hört er zwar, aber es dringt nicht in sein schulderfülltes Herz. Und vor allem hebt es nicht die unbewußte Selbstablehnung auf und befreit ihn nicht von der Selbstzerfleischung durch Schuldgefühle. Der Psychologe Paul Tournier erzählt einmal, daß er bei einem Patienten seine falschen, durch zu strenge Erziehung verursachten Schuldgefühle aufgearbeitet hat. Doch dann stieß er auf wirkliche Schuld. Er wies den Patienten auf die Barmherzigkeit Gottes hin. Doch der rief aus: „Alles muß bezahlt werden." Offensichtlich ist tief in der menschlichen Seele dieses Gesetz eingeschrieben, daß die Schuld nicht einfach durch einen äußeren Spruch vergeben werden kann, sondern daß sie bezahlt werden muß. Die Frage ist, woher dieses unbewußte Gesetz kommt. Wir dürfen daraus kein theologisches Prinzip machen, als ob Gott die Schuld nur vergeben könne, wenn sie bezahlt würde, wie das die mittelalterliche Theologie gemeint hat. Aber wir können darin Gottes Weisheit entdecken. Um unseren inneren Widerstand gegen die Vergebung zu überwinden, hat er seinen bedingungslosen Vergebungswillen gerade im Tod seines Sohnes ausgedrückt. Der Blick auf Jesus, der selbst seine Mörder noch liebt, kann uns von der tief in uns sitzenden Selbstverurteilung befreien und uns einen Glauben an die Vergebung ermöglichen, den nicht nur der Verstand, sondern auch das Herz, ja sogar das Unbewußte noch mitvollziehen kann.

Manche meinen, Jesus sei nur deshalb auf die Welt gekommen, um den Sühnetod für uns zu sterben. Das ist so sicher nicht richtig. Jesus kam auf die Welt, um die Frohe Botschaft vom barmherzigen Vater zu verkünden. Das ist gerade für Matthäus der Sinn von Jesu Kommen. Jesus verkündet einen Gott der Vergebung, der uns immer wieder unsere Schuld vergibt, der aber auch von uns verlangt, daß wir einander vergeben. Erst als Jesus sieht, daß die Pharisäer seine Botschaft nicht annehmen und daß sie ihn den Römern ausliefern würden, wurde ihm klar, daß sein Tod nicht nur ein Prophetenschicksal sein wird wie das vieler Propheten vor ihm, sondern daß sein Tod selbst Ausdruck von Gottes erlösendem Handeln ist. In seinem Tod hält er die Liebe zu den Menschen durch. Da beantwortet er den Haß seiner Mörder nicht mit Gegenhaß, da durchbricht er den Teufelskreis gegenseitiger Beschuldigungen und Feindschaft und überwindet somit den Kreislauf der Schuld. Durch seine Liebe besiegt er die Schuld. Seine ohnmächtige Liebe läßt selbst die noch an die Vergebung glauben, die sich in ihrer Schuld vor Gott und den Menschen verschlossen haben. Seine Liebe schlägt eine Bresche in die Verschlossenheit der Schuld und vermittelt so Gottes vergebende Liebe, die jedem Menschen einen neuen Anfang ermöglicht.

Die Erlösung als Vergebung unserer Schuld erfahren wir täglich neu. Wir können sie im Gebet erfahren, in dem wir uns mit unserer Schuld Gott hinhalten, der uns annimmt. Wir können sie im Sakrament der Buße erfahren, in dem uns Christus selbst die Vergebung zuspricht. Und wir können sie in jedem Augenblick erfahren, in dem wir uns Gott zuwenden und bereit sind, uns von unserer Schuld abzuwenden. Ähnlich wie im AT erleben wir Gott als den barmherzigen, der uns die Schuld vergibt. Die Frage ist, welche Rolle der Tod Jesu bei der Sündenvergebung spielt. Auf dem Hintergrund der oben vorgetragenen Gedanken ist Gott vor und nach Christus schon immer der barmherzige und gnädige Gott, der jedem seine Schuld vergibt, der sie ihm bekennt und der sie bereut. Die vergebende Liebe Gottes hat aber im Kreuz seinen Gipfelpunkt erfahren. Dort ist sie für uns am deutlichsten geworden. Dort hat uns Gott seine vergebende Liebe mitgeteilt. Aber Gott selbst muß nicht an den Tod seines Sohnes denken, um uns unsere Sünden zu vergeben. Er ist von sich aus der verzeihende Gott. Uns aber hilft beim Gebet, beim Sündenbekenntnis, bei unserer Reue, der Blick auf das Kreuz, weil uns dort eine Liebe begegnet, die selbst den Mörder einschließt. Insofern hat die Vergebung der Schuld, die wir heute erfahren, eine Beziehung zum Kreuz Christi. Aber Vergebung geschieht auch heute immer wieder neu durch Gott, weil er uns heute liebt.

Vergebung unserer Schuld erfahren wir auch im

Gespräch, etwa im Beichtgespräch oder im therapeutischen Gespräch, wenn wir bereit sind, über unsere Schuld zu sprechen, sie anzuschauen, auf uns zu nehmen. Schuld dürfen wir dabei heute nicht mehr rein individualistisch sehen. Wir sind vielmehr in die Schuld unserer Zeit mit hineinverstrickt. Siegfried Lenz sagt einmal: „Schuld ist etwas so Allgemeines wie die Sonnenfinsternis." Wir können ihr nicht entrinnen, wir haben alle daran teil. „Wir sind alle irgendwie mitschuldig und müssen füreinander einstehen, weil wir im selben Netz hängen." (Wachinger 138) Wir müssen uns heute auch der politischen und wirtschaftlichen Schuld stellen und sie verarbeiten. Erlösung von unserer Schuld heißt nicht einfach, daß wir die Augen vor eigener und fremder Schuld verschließen. Der Glaube, daß Christus uns erlöst hat, hilft uns vielmehr, unsere Schuld ehrlich einzugestehen und anzuschauen. Nur so kann auch heute Schuld aus der Welt geschafft werden. Erlösung bedeutet „die Befreiung von dem Druck der Schuld ..., nicht nur konkreter und wohl bewußter Verfehlungen, sondern von dem lähmenden Verstricktsein in Unüberschaubares." (Wachinger 147f) Das Wissen um unsere Erlösung aus der Schuld gibt uns also den Mut, eigene und fremde Schuld wahrzunehmen und zu bearbeiten. Es gibt uns auch die Freiheit, uns von unserer Schuld zu distanzieren. Anstatt ständig mit Selbstvorwürfen um unsere Schuld zu kreisen, können wir den Altvater Antonius nachahmen, von dem es heißt: „Er ließ sich nie eine Sache gereuen, die vorbei war." Der Glaube an die Erlösung befreit mich von der Fixierung auf meine Schuld. Ich schaue nicht auf mich, sondern auf Christus, der mir die Sündenvergebung zuspricht und der am Kreuze sterbend sich mit meiner Schuld identifiziert, um sie aus der Welt zu schaffen. Der glaubende Blick auf Christus am Kreuz gibt mir die Freiheit, meine Verfehlungen und Sünden loszulassen. Was vorbei ist, ist vorbei. Ich muß mich nicht rechtfertigen. Die Vergebung gibt mir die Freiheit, im Vertrauen auf Gott nach vorne zu schauen. Erlösung von unserer Schuld heißt Entlastung, nicht Entschuldigung. Sie befreit uns von der Last der eigenen Schuld und macht uns so frei, die Schuld in unserer Welt zu verringern. Dabei erleben wir heute als psychologisch geprägte Menschen Schuld nicht als Übertretung von Geboten, sondern als Lebensverweigerung, als Denkfaulheit, als Unehrlichkeit, als Blindheit. Die Erlösung von unserer Schuld will auch heute immer wieder neu geschehen, indem Menschen den Mut finden, ihre und der Welt Schuld im Blick auf das Kreuz Gott hinzuhalten, sie zu bearbeiten und dadurch den Mechanismus der Schuldzuweisung auf andere zu zerbrechen und einen Raum von Vergebung und Versöhung zu schaffen.

4. Markus: Erlösung als Loskauf

Markus hat ein eher mythologisches Verständnis von Erlösung. Er versteht Erlösung als Loskauf aus der Macht der Dämonen. So ist Jesus für ihn der, der uns von den Dämonen befreit. Markus schildert die Krafttaten Jesu (dynameis), in denen er die Macht der Dämonen bricht. Den ersten Tag des öffentlichen Wirkens beginnt Jesus im Markusevangelium mit einem Exorzismus. (Mk 1,21-28) „Das hat programmatische Bedeutung." (Grundmann, Markus 58) Damit gibt Markus das Thema seines Evangeliums an: Jesus befreit die Menschen, die von unreinen Mächten gebunden sind, von der Gewalt der Dämonen, von den Zwängen, denen sie sich durch die Dämonen ausgesetzt fühlen. „Mit Jesus dringt Gottes Herrschaft in den Bereich der Dämonen, des Satans, der Macht des Bösen und der Übel ein, um sie zu verderben. Was in Jesu Versuchung geschah, führt nun zum Angriff auf den Machtbereich des Bösen, der mit der Lehre anhebt und als Befreiung und Heilung zur Tat wird." (Grundmann 61) Jesus predigt mit Vollmacht. Wenn er spricht, dann haben die Dämonen keine Chance. Dann kommen die inneren Zwänge ans Licht, dann müssen die Komplexe, die einen Menschen beherrschen, sich offenbaren, dann wird klar, was in einem Menschen ist. Jesu Lehre in Vollmacht wird durch sein Handeln bestätigt. Da befiehlt Jesus mit göttlicher Vollmacht den Dämonen, auszufahren. Markus versteht letztlich alle Krankheiten als von dämonischen Mächten bewirkt. Daher ist die Macht über die Dämonen zugleich Heilung des Menschen. Markus schildert Jesus als den, der Aussätzige heilt, der Gelähmte aufspringen läßt, der dem Mann mit der verdorrten Hand neuen Mut zum Leben schenkt. In der Nähe Jesu verlieren die Menschen die Angst, die ihnen die Dämonen machen, die Angst, in die sie falsche religiöse Anschauungen hineingetrieben haben. Sie wagen, sich selber anzunehmen, sich aufzurichten, die Augen zu öffnen und der Wirklichkeit ins Auge zu sehen. Verstummte können wieder reden und Taube wieder hören. So ist Erlösung bei Markus nicht nur Loskauf aus der Macht der Dämonen, sondern zugleich Heilung und Befreiung.

Was mit der Austreibung der Dämonen begann, das vollendet sich im Tod Jesu am Kreuz. Jesus, der die Macht des Satanisch-Dämonischen besiegt, wird in die Hände der Sünder überliefert, er wird der Macht der Welt ausgeliefert. Aber er überwindet sie. Der von den Menschen verworfen wird, wird von Gott erhöht und als Sieger bestätigt. Der Tod Jesu am Kreuz ist die Vollendung des Sieges über die dämonischen Mächte. Das wird deutlich an der Art, wie Markus den Tod Jesu schildert. Während Jesus am Kreuz hängt, kommt eine Finsternis über die ganze Erde (Mk 14,33). Sie ist die gottesfeindliche Macht, die den Menschen im Griff hat. Der laute Schrei, mit dem Jesus stirbt, ist ein Siegesschrei. Siegreich triumphiert Jesus sterbend über die Dämonen und ihre Macht. Da spaltet sich der Vorhang des Tempels. Jetzt kann niemand mehr die Majestät Gottes verhüllen. Die Dämonen können den Menschen nicht mehr von Gott trennen. Sie sind entmachtet und die Menschen haben Zutritt zu Gott. (Vgl. Grundmann 434ff)

Was im Tod Jesu geschah, das hat Jesus selbst interpretiert: „Der Menschensohn ist nicht gekommen, um sich dienen zu lassen, sondern um zu dienen und sein Leben hinzugeben als Lösegeld für viele." (Mk 10,45) Der Sieg über den Satan wird hier im Bild des Loskaufs beschrieben. Jesus kauft uns im Tod los aus der Macht des Satans. Das Bild des Loskaufs stammt aus dem jüdischen Handelsrecht. Loskaufen kann sich entweder auf den Freikauf des Lebens von Mensch und Tier beziehen oder er kann sich mehr auf das familienrechtliche Auslösen beziehen, etwa wenn Boas als Löser sich zur Ehe mit Rut verpflichtet fühlt. Gott selbst kauft sein Volk los aus der Macht fremder Völker und er löst es aus, d.h. er handelt familiär an ihm, als einer, der sich zu ihm bekennt. Das griechische Wort für Loskauf, lytron, bezeichnet den Kaufpreis für Sklaven. Ihn mußte man zahlen, um einen Sklaven freizukaufen. Im Tod kauft uns Jesus also frei aus der Macht der Dämonen. Sein Sieg über den Satan bedeutet unsere Befreiung. Doch wie sollen wir das verstehen? Wie kann der Tod Jesu uns aus der Macht des Satans befreien? Dazu müssen wir erst einmal anschauen, was die Macht des Satans denn für uns bedeuten kann, was denn die Not ist, auf die dieses Erlösungsmodell antwortet.

Die Not, auf die Markus mit seinem Bild von Erlösung antwortet, ist die Erfahrung von Abhängigkeit. Der Mensch fühlt sich fremden Mächten ausgeliefert. Oft genug nennt er diese Mächte Dämonen. Er spürt, daß er in seinem Denken und Fühlen oft nicht frei ist, daß er getrieben wird von irgendwelchen fixen Ideen, von irgendwelchen Komplexen. Er möchte das Gute, kann es aber nicht. Irgendwelche Kräfte halten ihn davon ab, sie hindern ihn am Leben. Die fremden Mächte sind aber nicht nur in seiner Psyche, sie beherrschen auch die ganze Welt. Angesichts der vielen Kriege und Greueltaten spürt der Mensch seine Ohnmacht, da mit Vernunft etwas ändern zu können. Er kann die Situation des Völkerhasses nur dadurch erklären, daß fremde Mächte die Oberhand haben, daß Menschen von irgendwelchen dunklen Mächten beherrscht sind. Diese fremden Mächte äußern sich in ungerechten Strukturen, in Zwängen, denen ein Volk und eine Volkswirtschaft unterworfen ist, in ungerechter Herrschaft und Tyrannei.

Die Kirchenväter beschreiben diese Not als Herrschaft des Satans. Dieses mythologische Bild umschreibt die Daseinserfahrung des antiken Menschen, daß er vom Schicksal bestimmt wird und ihm nicht entrinnen kann. Das Schicksal, die heimarmene, ist das Unausweichliche, Festhaltende, Umklammernde. Es zeigt sich für den antiken Menschen auch in der Umklammerung durch die Familie, durch die Sippe, aus der er nicht ausbrechen kann. C. G. Jung nennt es das Uroborische, das Verschlingende, das einen nicht frei sein läßt. Das Schicksal ist zugleich das Willkürliche, das Böse, das mich beherrscht und nicht losläßt. Es ist nicht nur die Erfahrung des antiken Menschen, sondern entspricht durchaus auch manchen unserer Erfahrungen. Wir fühlen uns eingezwängt in Sachzwänge, aus denen wir nicht ausbrechen können, eingebunden in soziale Strukturen, die wir nicht ändern können. Und wir meinen oft, der Willkür des Schicksals ausgeliefert zu sein, wenn uns ein Unglücksfall trifft oder irgendetwas in unserer Familie danebengeht.

Die Not, auf die Markus mit seinem Bild von Erlösung als Heilung eingeht, zeigt sich aber auch in allen Behinderungen und Gefährdungen des Menschen, wie sie in den Heilungsgeschichten sichtbar werden: in der Unfähigkeit, sich selbst anzunehmen (Aussatz), im Verdorrtsein eines angepaßten Lebens (Mk 3,1-6), in der Zerrissenheit eines Menschen, der keine Mitte mehr hat (Mk 5,1-20), in der Unfähigkeit, zu sich und ihren Bedürfnissen als Frau zu stehen (Mk 5,21-43). Viele sind heute verstummt, sie haben keine Sprache mehr, ihre Gefühle zu äußern oder mit andern von Herz zu Herz zu kommunizieren. Sie sind taub, in sich selbst verschlossen, unfähig, zu hören, zu verstehen, was der andere wirklich sagt (Mk 7,31-37). Psychologen sehen in der Sprachlosigkeit ein typisches Element für die Not unserer Zeit. Andere sind blind. Ihr Blick ist so getrübt, daß sie die Wirklichkeit nicht mehr sehen. Aus Angst vor dem Durcheinander in ihrem Innern verschließen sie die Augen vor sich selbst. Und aus Angst wollen sie nicht sehen, was sich in unserer Welt wirklich abspielt. Sie wollen weder die eigene noch fremde Not sehen. Erlösung heißt für Markus, daß Jesus uns von lebensbehindernden Krankheiten heilt und uns befreit zu echtem Menschsein.

Erlösung als Heilung ist wohl für die meisten verständlich. Aber wie können wir das mythologische Bild vom Loskauf verstehen? Jesus selbst versteht den Loskauf als Ausdruck seiner Liebe und seines Dienstes. Er ist gekommen, um sein Leben als Preis hinzugeben, damit der Mensch nicht mehr fremden Mächten unterworfen ist, daß der Mensch aus der Macht der Dämonen befreit wird. Aber wie kann einer aus dämonischen Mächten befreit werden? Und wie kann ausgerechnet der Tod Jesu uns aus der Macht des Bösen befreien, wie kann er uns unseren Zwängen und Abhängigkeiten entreißen? Die Antwort müssen wir im Sinn des Jesuswortes suchen: Er ist gekommen, um uns zu dienen und sein Leben hinzugeben als Lösepreis. Es ist die Liebe, die Menschen befreien kann aus inneren Zwängen, aus ihren Abhängigkeiten, aus der Gefangenschaft der eigenen Gedanken und Leidenschaften, aus den Zwängen ihrer Ängste und Komplexe. Der Tod Jesu ist der Preis seiner Liebe, ist der Gipfelpunkt seiner Liebe, einer Liebe, die sich nicht absichert, sondern die sich hinauswagt zum andern hin, die sich ganz und gar auf ihn einläßt. Die Liebe kann Menschen, die in sich selbst gefangen sind, befreien und zum Leben wecken. Das ist eine Erfahrung, die wir immer wieder machen dürfen. Die Liebe kann auch Menschen, die von irgendwelchen Dämonen beherrscht werden, bei denen sich der Haß und die Angst wie ein Panzer um sie gelegt haben, berühren und aus ihrem inneren Kerker befreien. Sie kann den Panzer durchbrechen, mit denen sich so ein Mensch vor dem Leben schützt. Der fremden Mächten ausgelieferte Mensch kann nicht lieben. Er ist in sich selbst gefangen. Aber er sehnt sich danach, daß einer für ihn einsteht, daß einer sich für ihn einsetzt, ja daß einer sein Leben selbst für ihn einsetzt. Das Kind, das sich in seinen Schmollwinkel zurückzieht, fragt insgeheim: Was setzt du für mich ein? Wieviel bin ich dir wert? Setzt du dein Leben für mich ein? Sein Leben einzusetzen ist der höchste Ausdruck einer Liebe, die Mauern zum Zerbrechen bringt und Hartes wieder strömen läßt. In seinem Tod am Kreuz hält Jesus sich nicht zurück. Er hat die Botschaft von der Liebe Gottes verkündet. Als die Menschen diese Botschaft ablehnten, hätte er sich ja zurückziehen können. Aber er lebt seine Botschaft der Liebe bis zum Ende. Er gibt nicht nur seine Kraft den Menschen, sondern sein Leben. So wertvoll sind sie für ihn, daß er sein Leben einsetzt für sie. Da wird die Verheißung des Propheten Jesaja Wirklichkeit, da Gott selbst zu uns spricht: „Weil du in meinen Augen teuer und wertvoll bist und weil ich dich liebe, gebe ich für dich ganze Länder und für dein Leben ganze Völker." (Jes 43,4) In Jesu Tod hat er mehr für uns gegeben als Länder und Völker, da hat er seinen eigenen Sohn gegeben, da hat er sich selbst für uns dahingegeben.

Wir gehören nicht irgendwelchen Mächten, wir gehören Gott. Das ist die frohe Botschaft dieses Erlösungsmodells. Und Erlösung wird hier als Befreiung verstanden, als Befreiung von fremden Mächten, als Freisein des Menschen von äußeren Einflüssen. Wenn wir dieses Erlösungsmodell für unsere Zeit aktualisieren wollen, dann gibt es zwei Bereiche, in die hinein Erlösung und Befreiung verkündet werden könnten: die psychischen Zwänge und Krankheiten und die politischen Abhängigkeiten. Dabei kann uns der Dialog mit der Psychologie helfen, zu verstehen, wie heute Heilung und Befreiung erfahren werden können. Und der Dialog mit der Befreiungstheologie kann uns die Augen für die politische Dimension der Erlösung öffnen.

Sigmund Freud hat beobachtet, wie viele Menschen nicht frei sind, sondern von irgendwelchen Zwängen bestimmt sind. Wer z.B. einen Waschzwang hat, der muß sich ständig waschen, sobald er bestimmte Gegenstände berührt hat. Er ist nicht frei, er muß es einfach tun, sonst kann er seine Angst nicht mehr aushalten. Die Zwänge haben meistens mit Angst zu tun und mit Verdrängung. Der Waschzwang kann z.B. aus der Verdrängung der eigenen Sexualität herrühren, die man vielleicht traumatisch erfahren hat. Ein Mädchen mußte sich in der Pubertät immer dann waschen, wenn der Vater sie anrührte. Als das Mädchen 3 oder 4 Jahre alt war, hatte der Vater beim Liebkosen die Grenze überschritten, die jeder Mensch in sich spürt. Das war für das Mädchen so unangenehm, daß es gezwungen war, es zu verdrängen. Die Verdrängung äußert sich dann in solchen Zwängen. Viele Menschen wissen nicht mehr, warum sie das oder jenes tun. Sie fühlen sich dazu verpflichtet, gedrängt, gezwungen. Die Frage ist jedoch, wie Jesus mit seinem Wirken und mit seinem Tod uns aus solchen Zwängen befreien könnte. Sicher geht das nicht automatisch. Es braucht die Begegnung mit diesem Jesus, der sich bis in den Tod für mich dahingibt. Es braucht die Erfahrung dieser Liebe, die sich hinauswagt bis in die Macht meiner Zwänge. Ich kann diese Liebe erfahren, indem ich Jesus betrachte, der Menschen von ihrer Besessenheit befreit, der im Tod die dämonischen Mächte besiegt. Ich kann diese Liebe aber auch erfahren in der Zuwendung von Menschen, die keine Angst haben, meine Zwänge anzuschauen, die mit viel Geduld mit mir und meinen Zwängen mitgehen, bis sie sich unter den Augen solch geduldiger Liebe verwandeln. Die Erlösung durch Jesus will in und durch die Liebe von Menschen in unsere Zeit hinein erlösend und befreiend wirken. Jesus hat eine neue Weise des Umgangs mit kranken und zerrissenen Menschen gezeigt. Erlösung geschieht heute, wenn wir wie Jesus uns auf Menschen einlassen, die sich selbst nicht annehmen können, die blind und taub sind, gebrochen und verkrümmt. Erlösung kann geschehen in einem therapeutischen oder seelsorglichen Gespräch, in einem Prozeß wachsender Offenheit für die Stimme des Herzens, in einer Gruppe, die Vertrauen ermöglicht, in der Begegnung mit einem Menschen, der uns vorbehaltlos annimmt und uns Mut macht, auf die innere Wahrheit zu sehen.

Die Befreiungstheologie hat versucht, die Erlösung durch Christus als Erlösung von den Teufelskreisen zu verstehen, in denen die Menschen dieser Welt gefangen sind. Die Teufelskreise können persönlicher Natur sein, sie können aber auch die sozialen und politischen Verhältnisse betreffen. Der evangelische Theologe Jürgen Moltmann spricht von 5 Teufelskreisen, aus denen Christus uns befreit: aus dem Teufelskreis der Armut, der

Gewalt, der rassischen und kulturellen Entfremdung, der industriellen Naturzerstörung und der Sinnlosigkeit und Gottverlassenheit. Erlösung betrifft unsere Welt mit ihren ungerechten Strukturen (Moltmann).

Die Frage ist, inwieweit Christi Leben und Sterben eine erlösende Wirkung für unsere sozialen und politischen Zwänge haben sollte. In seinem Tod am Kreuz ist Jesus Opfer politischer Intrigen geworden. Aber da er die politische Tat seiner Verfolger in Liebe und Gehorsam Gott gegenüber an sich geschehen ließ, ohne daß er dadurch vernichtet wurde, hat er sie zugleich überwunden. Dadurch sind natürlich nicht alle politischen Zwänge aufgelöst. Aber Jesu Wirken und Jesu Sterben ist für uns der Grund zu einem Handeln, das sich bewußt den Unterdrückten und Zukurzgekommenen zuwendet. Die Option für die Armen ist die angemessene Antwort auf Jesu Tod am Kreuz. Das Kreuz ist eine Vorentscheidung für eine Praxis, die auf größtmögliche Befreiung zielt, Befreiung für alle, gerade für die Armen und Vergessenen. Nur wer selbst etwas von Erlösung erfahren hat, kann in seiner Arbeit an der Verbesserung der sozialen Strukturen und politischen Verhältnisse wirkliche Befreiung vermitteln. Die Erfahrung der Erlösung in Christus entlastet uns von dem Zwang, alles selbst tun zu müssen. Sie schenkt uns das Vertrauen, daß der Gott, der den Gekreuzigten auferweckte, auch die Welt durch alle Abstürze hindurch zur erlösten und erfüllten Zukunft führen wird.

Beim Modell des Loskaufes ist Erlösung ein für allemal im Tod Jesu geschehen. Aber auch die objektive Erlösung wirkt nicht magisch auf uns, sondern indem wir uns in unseren Zwängen und in den sozialen und politischen Teufelskreisen immer wieder an das Kreuz Jesu Christi erinnern, indem wir die befreiende Liebe Christi, die sich am Kreuz manifestiert, meditieren, feiern und in unser Tun einfließen lassen. Die Befreiung aus den sozialen und persönlichen Zwängen will heute durch uns geschehen. Aber sie geschieht nicht aus eigener Kraft, sondern in der Kraft Christi, in der Auswirkung von Jesu Liebe am Kreuz, mit der er selbst die noch erreicht, die in sich und ihrer Selbstablehnung verstrickt sind, einer Liebe, die den Panzer menschlicher Selbstverurteilung durchbricht, die aus Zwängen und Fremdherrschaft befreit. Wir können die Erlösung als Befreiung und Heilung durch Jesus Christus so verstehen, daß Jesus den erlösenden Traum von einer Welt, in der Menschen als geheilte und befreite leben, uns nicht nur vorgeträumt, sondern vorgelebt hat, daß dieser Traum immer wieder Menschen fasziniert und sie dazu bewegt, sich wie Jesus, in Gemeinschaft mit ihm und mit seinem Geist erfüllt für die Heilung und Befreiung einzusetzen. Erlösung geschieht nicht nur im christlichen Raum, sondern Christus kann sein befreiendes und erlösendes Handeln auch durch Menschen außerhalb der Kirche vermitteln und wirksam werden lassen.

5. Lukas: Erlösung als neuer Weg

Lukas hat Jesus so beschrieben, daß die Griechen ihn verstehen und liebgewinnen konnten. Er hat sein Evangelium und die Apostelgeschichte in einem schönen Stil geschrieben, gleichsam als Bestseller. Für ihn als Griechen ist der Gedanke der Sühne und Stellvertretung ein Greuel. Die Griechen können sich Gott nicht so vorstellen, daß er ein Sühnopfer brauchen würde. Lukas sieht Jesus als den göttlichen Wanderer, der vom Himmel herabkommt und den Menschen zeigt, daß sie auch einen göttlichen Kern haben, daß ihre Heimat auch im Himmel ist. Und Lukas schildert Jesus als den Gerechten, auf den die Griechen seit Plato gewartet haben. Plato fragt in einem Symposion, was denn wohl geschehen würde, wenn ein Mensch ganz gerecht sein würde. Und er gibt zur Antwort, daß wir ihn ausstoßen und töten würden. Jesus ist der Gerechte. Der Hauptmann bekennt darum: „Wahrhaft dieser war der Gerechte, auf den Ihr seid Jahrhunderten gewartet habt."

Die Erlösung sieht Lukas so, daß Jesus uns einen Weg zeigt, wie wir in dieser Welt sinnvoll leben können. In der Dunkelheit dieser Welt ist Jesus archegos tes zoes, der Anfänger des Lebens und zugleich der Anführer in das Leben, der Lehrer, der uns einführt in das Geheimnis des Lebens. Lukas zeigt, daß Jesu Weg durch das Leiden und Sterben zur Herrlichkeit, durch Erniedrigung zur Erhöhung führt. Er spricht vom göttlichen „Muß" (griechisch dei). Es geziemte sich für Gott, daß Jesus diesen Weg zur Herrlichkeit des Himmels gehen mußte. Auch unser Weg wird ähnlich durch die Bedrängnisse hin zum wahren Leben führen. Wir bleiben nicht in der Macht des Todes. Jesus ist für Lukas der Retter, weil er als erster die Todesmacht durchbrochen hat und wir ihm nun auf diesem Weg des Lebens und des Friedens nachfolgen können. Lukas sieht in der Apostelgeschichte den Psalm 16 nicht nur in Jesus erfüllt. Durch Jesu Auferstehung wird der Psalm auch zu unserem Weg: „Du gibst mich nicht der Unterwelt preis, noch läßt du deinen Frommen die Verwesung schauen. Du zeigst mir die Wege zum Leben, du erfüllst mich mit Freude vor deinem Angesicht." (Apg 2,27f) Jesus zeigt uns, wie unser Leben in der Dunkelheit unserer Zeit gelingen kann, wie unser Weg ein Weg des Lebens ist. Und Lukas schildert diesen Weg als einen Weg voller Freude. Daher kommt in keinem Evangelium so oft das Wort der Freude vor, mit der die Menschen auf Jesu Weg reagieren.

Lukas hat seine Theologie von Erlösung nicht nur in seinem Evangelium, sondern auch in der Apostelgeschichte entfaltet, vor allem in den Missionspredigten. Christus ist für Lukas vor allem der archegos, der Anführer zum Leben, und der soter, der Retter. Jesus führt die ihm Nachfolgenden in das Verheißungsland des Lebens hinein. Er übertrifft alle Propheten und früheren Führer Israels, weil er seine Jünger in das ewige Leben, in das Leben der Auferstehung hineinführt. (Vgl. Schnakkenburg 215) Lukas schildert das Heilswirken Jesu in einer Sprache, die ganz dem hellenistischen Empfinden entspricht: „Wie er umherzog, Gutes tat und alle heilte, die in der Gewalt des Teufels waren; denn Gott war mit ihm" (Apg 10,38) Das Heil, das Jesus „in der Mitte der Zeit" gewirkt hat, setzt sich in der Zeit der Kirche mehr und mehr durch und endet schließlich, wenn „die Zeiten der Erquickung und der Wiederherstellung aller Dinge kommen" (Apg 3,20f). „Es ist eine Theologie der voranschreitenden Entfaltung und Verwirklichung des göttlichen Heilsplans, eine Theologie des Weges." (Schnackenburg 216) Da wir im Herzen wohl alle Griechen sind, dürfte Lukas uns mit seinem Erlösungsmodell aus der Seele sprechen. Die Erlösung ist nicht ein für allemal geschehen. Das Heil, das Christus vielmehr in der Geschichte gewirkt hat durch seine Taten und durch seine Lehre, dringt in die menschliche Geschichte ein und durchdringt sie trotz aller Dunkelheit und Bedrängnisse. „Das entspricht der Sensitivität des heutigen Menschen für die Geschichtlichkeit allen Geschehens." (Ebd 218) Lukas hat das Leben Jesu so dargestellt, daß es im Laufe eines Jahres in der Liturgie gefeiert werden kann. Er gilt als Begründer des Kirchenjahres. Das Heil, das in Jesus Christus damals geschehen ist, wird immer wieder gegenwärtig, indem es gefeiert wird. Da berührt uns dann der geschichtliche Jesus und nimmt uns mit auf seinen Weg des Heils.

Das Erlösungsmodell des Weges hat später der griechische Theologe Clemens von Alexandrien weitergeführt. Er hat damit auf die Gnosis geantwortet, auf eine Strömung, die erkennen wollte, wie Leben geht, was das eigentliche Leben ist. Für Clemens ist Christus der „Erleuchter", der uns das Licht des Glaubens bringt und uns zur Gottesschau führt. Er ist die „Sonne der Seele", die uns erleuchtet und uns den Weg zum Vater erhellt. Und Christus ist der Paidagogos, der Erzieher, der uns einen Weg zeigt, wie wir hier in dieser Welt sinnvoll leben können. Er führt uns in die wahre Philosophie ein, er vermittelt uns wahre Kenntnis von Gott. Gott zu kennen, ist für Clemens wahres Leben. Erlösung besteht für Clemens vor allem darin, daß der göttliche Logos „den Menschen erleuchtet und zu einem göttlichen Leben erzieht" (MySal 2,1, 417). Der Tod Jesu ist der Gipfelpunkt seines göttlichen Unterrichts: „Er kreuzigte den Tod zum Leben... und schenkte uns das Erbteil des Vaters durch seinen himmlischen Unterricht." (Ebd 418) Der Sohn Gottes wird aus Liebe Mensch und vergießt sich liebevoll für die Seinen und unterweist so die Menschen in der Liebe, er führt sie ein in das Geheimnis der Liebe, die auch ihr Leben verwandelt und vergöttlicht: „Das Wort wurde Mensch, damit ihr von einem Menschen lernen solltet, wie der Mensch Gott werden kann." (Ebd) Durch seine erzieherische Tätigkeit eröffnet Jesus „den Weg zur Nachahmung und Gemeinschaft mit ihm und reißt dadurch den Menschen aus Finsternis, Irrtum und Tod heraus. So stellt er durch sein urbildliches Sein und Handeln das durch die Sünde verschüttete und korrumpierte Bild Gottes im Menschen wieder her und führt es zur Reife und Vollendung." (Greshake 73) Schon Lukas schildert auf dem Hintergrund der platonischen Philosophie Jesus als den göttlichen Wanderer, der uns Menschen an unseren göttlichen Kern erinnert. Das Bild Gottes im Menschen ist durch die Sünde verdeckt worden. Der Mensch kommt durch Jesus wieder mit diesem ursprünglichen Bild Gottes in Berührung, so daß es ihn durchdringen und verwandeln kann. Die zentrale Frage der platonischen Philosophie lautet: „Wie gelangt der Mensch zu seinem wahren und eigentlichen Sein, zum wahren Menschsein, zu wahrer Freiheit?" (Greshake 77) Daher ist das lukanische Bild von Erlösung, das Clemens von Alexandrien, Irenäus von Lyon und andere frühe Theologen aufgegriffen haben, höchst modern. Es zeigt einen Weg, wie wir durch Christus zu uns selbst finden können, zu unserem wahren Bild, zu unserem göttlichen Kern. Platon meint, die sensiblen Menschen, „wenn sie irgendein Abbild des Jenseitigen sehen, werden gewaltig aufgeregt"

(Ebd 78). So erklärt sich, warum bei Lukas die Menschen im Augenblick des Todes Jesu an die Brust schlagen und betroffen weggehen (Lk 23,48). Im Tod des Gerechten sehen sie das wohl deutlichste Abbild Gottes in dieser Welt, das sie innerlich erregt. Von Jesus, dem wahren Abbild Gottes geht „eine dynamische, verwandelnde Effizienz aus, so daß der Mensch durch Mimesis, Nachahmung, mehr und mehr verwandelt wird zu einem Bild Gottes." (Ebd 78)

Die Not, auf die das Erlösungsmodell des Lukasevangeliums antwortet, ist die Unwissenheit, die Undurchschaubarkeit des Lebens und letztlich die Sinnlosigkeit. Der Mensch findet sich in einer Welt vor, in der er sich nicht auskennt, in der er nicht weiß, wohin sein Weg geht und wie er verlaufen wird. Er kennt sich nicht aus in der Welt und weiß nicht, woran er sich halten soll. Ihm werden soviele Wege angeboten werden, daß er nicht weiß, welcher wirklich zum Leben führt. Er findet keinen Sinn in seinem Leben. Viktor Frankl, der Begründer der Logotherapie, meint, daß die Krankheit unserer Zeit die Sinnlosigkeit sei, daß die meisten Menschen an noogenen Neurosen leiden, an Neurosen, die durch einen Mangel an Sinn verursacht werden. Auch Paul Tillich sieht als die für unsere Zeit charakteristische Not die Sinnlosigkeit. Affemann meint, „das Gefühl der Sinnlosigkeit als wesentliches Element der Stimmung des modernen Menschen" (Affemann 18) hänge mit der Erfahrung der inneren Leere zusammen. Der Mensch fühlt sich innerlich leer, er klagt über Langeweile, über die Monotonie der Arbeitswelt. „Die Stimmung entleerter Depressivität wird zum Grundgefühl unserer Zeit." (Ebd 15) Die Sinnlosigkeit hängt sicher mit dem Verlust des Glaubens zusammen, der ein tragendes Sinngefüge darstellte. Aber die Sinnlosigkeit ist auch „Ausdruck und Folge des abgestorbenen innerseelischen und zwischenmenschlichen Lebens. Viele Lebensvollzüge tragen ihren Sinn in sich selbst. Solange sie geschehen, wird praktisch Sinn vollzogen, ohne daß sich die Frage nach ihm stellt. Einer, der glücklich liebt, fragt in der Regel nicht, was der Sinn von Liebe und Glück sei." (Ebd 19) So zeigt sich im Gefühl der Sinnlosigkeit eine Unfähigkeit, zu leben, zu fühlen, zu lieben. Gerade auf dem Hintergrund der für unsere Zeit typischen Grundströmung von Sinnlosigkeit und Depressivität hätte das lukanische Erlösungsmodell eine besondere Bedeutung. Es könnte uns auf unsere Frage nach dem Sinn eine Antwort geben.

Wir können dieses Erlösungsmodell mit der Logotherapie ins Gespräch bringen. Die Logotherapie versucht, in allen Situationen unseres Lebens den Sinn zu entdecken, der darin steckt und der eine positive Antwort auf die Not des Menschen sein könnte. Nur wenn der Mensch einen Sinn findet, wird sein Leben heil, nur dann kann er erfüllt leben. Jesus hat uns den Sinn des Lebens aufgezeigt, durch seine Art, wie er mit Menschen umgegangen ist, durch seine Gleichnisse, durch seine Ausstrahlung und durch seinen Weg, den er gegangen ist, durch einen Weg, der ihn vom Himmel in unsere Fremde geführt hat und aus dieser Fremde wieder zurück in die himmlische Heimat. Dieser Jesus ist die Garantie, daß auch unser Leben gelingen wird. Denn sein Weg ist durch den Tod und durch die Auferstehung von Gott bestätigt und bekräftigt worden. Sein Durchgang durch den Tod zur Auferstehung ist der beste Test auf den Sinn seines Weges. Und so verheißt er auch unserem Leben, das durch den Tod in Frage gestellt wird, einen Sinn über den Tod hinaus. Auch wir werden nicht in der Verwesung bleiben, sondern von Gott auferweckt zum ewigen Leben.

Jesus zeigt uns nicht nur einen Sinn, der den Verstand befriedigt, sondern er macht unsere ganze Existenz sinnvoll. Er hat uns diesen Sinn vorgelebt und ihn durch sein Sterben und Auferstehen bekräftigt. Lukas hat Jesus so dargestellt, daß er die Weisheit der griechischen Philosophie in seinen Weg integriert. So lädt uns Lukas heute ein, den Sinn unseres Lebens auch im Dialog mit der Weisheit anderer Religionen zu suchen. Wir werden Jesus in seiner Fülle und in seiner erlösenden und heilenden Wirkung erst ganz verstehen, wenn wir ihn im Licht anderer Religionen und Kulturen sehen. Und Lukas, der nach alter Tradition Arzt war, ermutigt uns auch zu einem Dialog mit der Weisheit der Psychologie und Medizin. Der Dialog mit der Weisheit unserer Zeit wird uns Jesus als den wahren Therapeuten erkennen lassen, als den Anführer zum Leben, zu einem gelungenen und sinnvollen Leben. Und wir werden Jesus als Bild wahrer Menschlichkeit entdecken. In ihm ist uns die Güte und Menschenfreundlichkeit (humanitas) Gottes erschienen (Titus 3,4). Jesus ist uns den Weg gelungener Menschwerdung vorausgegangen und lädt auch uns ein, diesen Weg der Milde und Liebe, der Menschlichkeit und Güte, der Toleranz und Zärtlichkeit, den Weg der humanitas, der wahren Menschlichkeit, zu gehen.

Die Vermittlung der Erlösung geschieht bei Lukas durch das Hören auf das Wort Jesu. In der Apostelgeschichte wird vor allem durch die Predigt der neue Weg verkündet. Die Menschen werden eingeladen, diesen neuen Weg zu gehen. In der Verkündigung, im Gottesdienst, in der Schriftlesung, in der Meditation begegnen wir Jesus Christus, der uns auch heute auf den Weg des Lebens weist, auf einen Weg, der auch für uns heute über den Tod zur Auferstehung führt. Diesen Weg feiern wir täglich in der Eucharistie und üben uns durch die Feier auf diesen Weg ein. Dabei spielt das ganze Leben Jesu, alle seine Worte und Taten, eine Rolle. Lukas läßt uns das Leben Jesu im Rahmen des Kirchenjahres feiern, damit wir jedes Jahr tiefer hineinwachsen in das Geheimnis seines Weges, der auch unser Weg zum erfüllten Leben werden möchte. Er versteht das Leben Jesu als Heilsjahr des Herrn (Lk 4,19). „Dieses Jahr, von Gott erwählt als Heilsjahr der Menschheit, wird im Gang des Kirchenjahres wiederholt, und im Bericht von ihm ist es gegenwärtig." (Grundmann, Lukas 6) Lukas hat eine Theologie des Heute entfaltet. An den wichtigsten Stellen seines Evangeliums heißt es: „Heute ist euch der Retter geboren." (Lk 2,11) „Heute ist diesem Haus das Heil geschenkt worden." (Lk 19, 9) Das Heute von damals wird in der Liturgie zu unserem Heute. So wird das Heil Jahr für Jahr tiefer hineingesenkt in die Menschheit. Das Heilsjahr des Herrn verwandelt mehr und mehr unsere Jahre in Jahres des Heils und der Erlösung.

Für Lukas, den Griechen, ist neben der Liturgie auch das Gespräch ein ganz wichtiger Ort, an dem Erlösung geschieht. Denn im Gespräch wird ein neuer Sinn gefunden, da wird auf einmal deutlich, was Gott mit mir möchte, da kann mir auf einmal der Sinn meines Lebens, der Sinn meines Leidens aufgehen. Jesus stellte den beiden Emmausjüngern im Gespräch die Frage, die in ihre Sinnlosigkeit wieder Sinn brachte und die auch für uns ein Schlüssel zum Leben sein könnte: „Mußte nicht der Messias all das erleiden, um so in seine Herrlichkeit zu gelangen?" (Lk 24,26) Wenn wir mit diesem Schlüsselwort unser Leben durchgehen, dann werden wir spüren, daß auch bei uns die

Krisen und Bedrängisse, das Versagen und das Verletztwerden einen Sinn haben, daß sie uns zu unserer wahren Gestalt (doxa), zu unserer Herrlichkeit führen und uns befreien von allen Illusionen, die wir uns über das Leben gemacht haben. Indem wir im Gespräch einen Sinn in unserem Leben entdecken, werden wir heil, können wir uns aussöhnen mit unserer Geschichte, werden neue Kräfte in uns wach. Lukas als Grieche unterstützt den heutigen Glauben an die Erlösung durch Information. Allerdings ist bei ihm Information kein bloßes Wissen, sondern eine neue Einsicht in das Geheimnis des Lebens, die gerade im Gespräch gewonnen werden kann. Indem wir miteinander sprechen – wie die Emmausjünger –, gesellt sich Christus selbst zu uns und schließt uns den Sinn unseres Lebens auf. Dabei ist es nicht nur die Einsicht, sondern auch die Ausstrahlung Jesu, die Ausstrahlung seiner Wärme, seiner Liebe und seiner Kraft. In Jesu Nähe werden Menschen heil, da fühlen sie sich im Herzen angerührt, da entwickelt sich in ihnen ein heilsames Selbstgespräch – Selbstgespräche sind ein Stilmittel, das nur Lukas kennt, das er von der griechischen Komödie übernommen hat –, wie beim verlorenen Sohn: „Ich will aufbrechen und zu meinem Vater gehen." (Lk 15,18). So zeigt uns Lukas die menschliche Begegnung und das Gespräch als Orte, an denen die Erlösung durch Jesus Christus uns erreicht, an denen Jesus selbst uns den Weg zum Leben zeigt, einen Weg, der auch durch den Tod nicht in Frage gestellt wird, der vielmehr durch den Tod hindurch zur Herrlichkeit des Himmels führt.

6. Johannes – Erlösung als Vergöttlichung

Johannes hat ein anderes Erlösungsmodell, ein Modell, das dann vor allem die griechischen Kirchenväter weiter ausgebaut haben, etwa Gregor von Nyssa. Es ist das Modell der Vergöttlichung. Gott wird Mensch, damit der Mensch vergöttlicht wird. Dabei wird dieses Modell einmal mehr von der göttlichen Natur her gesehen, ein andermal mehr personal. So sagt Irenäus, daß Gottes Sohn Mensch geworden ist, damit wir Gottes Söhne werden. Irenäus geht es nicht so sehr um die göttliche Natur, die wir durch Christus erhalten, sondern um die Sohnschaft, in die wir durch Christus eingesetzt wurden. Athanasius dagegen geht es um die göttliche Natur, an der wir durch Christus Anteil erhalten: „Der Logos hat sich zum Menschen gemacht, um uns zu vergöttlichen." (MySal 2,2, 380) Johannes hat in seinem Prolog beschrieben, wie das Wort Gottes Fleisch geworden ist und unter uns gewohnt hat. Durch sein Kommen in unsere Welt hat er uns die Macht gegeben, „Kinder Gottes zu werden", so daß wir „nicht aus dem Blut, nicht aus dem Willen des Fleisches, nicht aus dem Willen des Mannes, sondern aus Gott geboren sind" (Joh 1,12f). „Aus seiner Fülle haben wir alle empfangen, Gnade über Gnade." (Joh 1,16) Der Sohn Gottes ist Mensch geworden, damit wir teilhaben an seinem göttlichen Leben, an seiner Beziehung zum Vater. Wie er mit dem Vater eins ist, so dürfen wir durch ihn mit Gott eins werden: „Ich bin in meinem Vater, ihr seid in mir, und ich bin in euch... Wenn jemand mich liebt, wird er an meinem Wort festhalten; mein Vater wird ihn lieben, und wir werden zu ihm kommen und bei ihm wohnen." (Joh 14,20.23)

Die Vergöttlichung geschieht aber bei Johannes nicht durch eine „übernatürliche Biologie", sondern durch die personale Offenbarung Jesu. Jesus ist für Johannes der Offenbarer schlechthin, „der allein uns Kunde von Gott gebracht hat (vgl. 1,18) und die Worte Gottes redet (3,34), Worte voll Geist und Leben (6,63)." (Schnackenburg 220) Jesus offenbart in seiner Person Gottes Leben und Herrlichkeit (12,45; 14,9) und wird durch seine Offenbarung für den empfängnisbereiten Menschen „zum Vermittler göttlichen Lebens" (Ebd 220). Jesus ist der göttliche Erlöser, der vom Himmel herabsteigt, den Menschen Gottes Herrlichkeit und das ewige Leben offenbart und dann wieder aufsteigt zu Gott. Er ist aber nicht nur Vorbild für unseren Weg, sondern schenkt uns „auch das göttliche Leben, das der Mensch aus eigener Kraft nicht erlangen kann" (Ebd). Innerhalb dieses Weges spielt der Tod Jesu eine bedeutende Rolle für unser Heil. Jesus ist der gute Hirt, der sein Leben für die Schafe gibt (10,11). Jesus hat die größere Liebe, sein Leben hinzugeben für seine Freunde (15,13). Jesus ist das Lamm Gottes, das die Sünde der Welt hinwegnimmt (1,29). Der Tod Jesu vermittelt für Johannes aber nicht die Vergebung der Sünden. Vielmehr wird Jesus am Kreuz erhöht und schenkt uns als Erhöhter seine Heilsgabe, das ewige Leben. In seinem Tod wird das Wirken Jesu entgrenzt, da strömt sein Geist auf alle Menschen herab. Die Durchbohrung seiner Seite führt dazu, „daß sich ein Strom des Segens ergießt, ein Quell lebendigen Wassers für alle, die daraus schöpfen." (Ebd 223) Johannes versteht den Tod Jesu als Vollendung seiner Liebe: „Da er die Seinen liebte, die in der Welt waren, liebte er sie bis zum Ende bzw. bis zum Äußersten" (13,1) (Ebd 223). Der Tod Jesu am Kreuz ist also die höchste Offenbarung seiner Liebe und die Mitteilung des göttlichen Lebens an alle, die glauben.

Schnackenburg meint, Johannes würde mit seinem Erlösungsmodell die Menschen mit ihren existentialen Fragen nach ihrem Woher und Wohin ansprechen. Und er lädt sie in seiner Antwort dazu ein, das Irdisch-Vergängliche ihrer Existenz zu überschreiten, über das Geschichtliche-Zufällige hinauszugehen und die Schranken ihrer Endlichkeit zu überwinden (224), indem er ihnen „ewiges Leben" verheißt, eine neue Lebensqualität, die sich dadurch auszeichnet, daß göttliches Leben selbst sich in unser vergängliches hinein ergießt. Die eigentliche Botschaft im Johannesevangelium ist jedoch, daß Jesus uns bis zum Ende liebt. Die Vergöttlichung bedeutet bei Johannes, daß Gott uns mit seiner unendlichen Liebe erfüllt, daß wir liebesunfähige Menschen zur Liebe befähigt werden. Das göttliche Leben, mit dem Christus uns erfüllt, indem er am Kreuz seinen Geist auf uns ausgießt, ist die Liebe, die uns verwandelt.

Die Not, auf die diese Erlösungslehre antwortet, ist die Vergänglichkeit und Sterblichkeit des Menschen. Der Mensch erfährt, daß er krank wird, daß sein Leib hinfällig ist, daß nichts Bestand hat, daß alles sich wandelt und alles einmal stirbt. Er fühlt sich schwach, der Vergänglichkeit, dem Verderbnis und der Verwesung anheimgegeben. Da sehnt er sich nach dem Unvergänglichen und Unzerstörbaren. In die verwesliche Natur des Menschen hat Gott seinen göttlichen Keim hineingepflanzt, damit der Mensch vergöttlicht wird, damit er teilhat an der ewigen Jugend Gottes. Paul Tillich meint, daß diese Not typisch für die Antike war. Dort hatte man vor allem Angst vor dem Tod, vor dem Vergehen, vor der Vernichtung, Angst, daß das Leben ohne Bedeutung einfach im

Nichts versinkt. Heute zeigt sich diese Not nicht nur in der Angst vor der eigenen Sterblichkeit, sondern auch in der Tendenz der Selbstzerstörung. Die Psychologen nehmen heute eine steigende Aggressivität und Destruktivität fest. Das Thema Gewalt ist seit einigen Jahren immer mehr ins Zentrum gerückt: sexuelle Gewalt gegenüber Kindern und Frauen, Gewalt und Terror rechter und linker Gruppen und die hohe Gewaltbereitschaft, die man überall, angefangen von der Schule bis zum Sport, beobachten kann. Man übt entweder Gewalt gegenüber andern aus, um seine eigene Aggressivität nach außen hin zu entladen, oder aber man richtet sie gegen sich selbst und zerstört sich dadurch. Selbstzerstörung ist die eigentliche Ursache vieler psychosomatischer Krankheiten. „Die Selbstzerstörung stellt sich somit als eine der bedeutsamsten Todesursachen heraus. Sie geschieht durch Krankheit, durch Unfall, durch einmaligen wie permanenten Selbstmord." (Affemann 22) Gegenüber dieser Haltung der Selbstzerstörung, der Hinfälligkeit unseres Lebens, der Bedrohung durch Gewalt und Tod sucht der Mensch nach dem wahren Leben, nach göttlichem Leben, das unzerstörbar ist, das keine krankhaften Keime in sich trägt, sondern in seinem ganzen Reichtum aufblüht.

Eine andere Not, auf die Johannes mit seinem Evangelium antwortet, ist die Liebesunfähigkeit. Psychologen nehmen heute ein Zunehmen der narzistischen Grundhaltung wahr. Der Mensch ist in sich gefangen, unfähig, sich selbst zu lieben, unfähig, andere zu lieben, unfähig, aus sich heraus zu gehen, den andern überhaupt wahrzunehmen, seine Sehnsucht nach Liebe zu spüren. Die Unfähigkeit zu lieben muß der Mensch heute mit Einsamkeit und Isolation bezahlen. Affemann meint, die Abnahme der Liebesfähigkeit habe

„eine Reihe von Ursachen im Raume der Gesellschaft, die den Menschen bereits in der Kindheit auf dem Wege über die Familie angehen. Ein anderer Grund für das Nachlassen dieses Vermögens ist er selbst. Er wagt zu wenig. Er will sich vor Enttäuschungen und Verletzungen schützen. Auch damit bleibt die Fähigkeit zur Liebe unterentwickelt. Die Folge von beiden Einwirkungen: Die Liebe verharrt in ihrem ursprünglichen seelischen Zustand als Autoerotik, als Narzißmus, als Ichbezogenheit, als Liebe zu sich selbst." (Ebd 21)

Beim johanneischen Erlösungsmodell ist die Menschwerdung die eigentliche Erlösungstat Gottes. Indem Gott in der Menschwerdung auch die Sterblichkeit und Vergänglichkeit annimmt, erfüllt er den Menschen mit göttlichem und unvergänglichem Leben. Der Tod Jesu ist für diese Konzeption das sichtbare Zeichen, daß die Sterblichkeit des Menschen überwunden ist, weil sie in Gott hineingenommen worden ist. Johannes hat das in seinem Evangelium so ausgedrückt, daß er zwar die Passion Jesu ähnlich schildert wie die Synoptiker, daß er aber in der Passion Jesus als den eigentlich Handelnden sieht. Jesus, dessen Königtum nicht von dieser Welt ist, geht zwar den Weg des Leidens, aber die Menschen können ihm nichts anhaben. Er bleibt souverän. Denn in ihm ist eine göttliche Würde, die die Menschen ihm nicht rauben können. Ja, den schändlichsten Tod, den die Antike kannte, den Tod am Kreuz, schildert Johannes als Verherrlichung Jesu. Im Tod wird Jesus von Gott verherrlicht, da zeigt sich der Sieg des göttlichen Lebens über die Macht der Menschen, da wird das Kreuz zum Thron, von dem herab Christus über die Welt herrscht. Und der Tod wird zugleich der Ort, von dem aus er seinen Geist auf alle Menschen ausgießt und uns so sein göttliches Leben schenkt. Blut und Wasser strömen aus seiner Seite. In ihnen gießt er seinen Geist auf uns aus, damit wir nun größere Werke tun können als er (Vgl. Joh 14,12).

Durch die Vergöttlichung verwandelt Gott unser Leben. Wir werden wie Jesus den Weg der Passion gehen müssen. Aber mitten in unserer Passion können wir mit Jesus sagen: „Mein Königtum ist nicht von dieser Welt." (Joh 18,36) Auch in uns ist nun eine göttliche Würde, die uns selbst die Menschen, die uns verletzen und kränken, die uns ablehnen und ausstoßen, nicht nehmen können. Auch unser eigenes Versagen, unsere Fehler, Schwächen, Krankheiten können uns dieses göttliche Leben nicht rauben. In uns ist schon mitten in der Passion unseres Lebens etwas Unvergängliches, etwas Göttliches. Das ist das Befreiende dieses Erlösungsmodells. Selbst der Tod kann uns nicht von dem Gott trennen, der schon in uns wohnt. Im Tod wird die göttliche Herrlichkeit, die jetzt schon in uns ist, erst in ihrer ganzen Schönheit offenbar. Da wird das Bild sichtbar, das Gott sich von uns gemacht hat. Da kommen wir ganz zu uns selbst, da wird uns unser Leib nicht mehr unser wahres Wesen verstellen, da leuchtet Gottes Herrlichkeit auch in uns auf und durchdringt Leib und Seele.

Wenn man dieses Modell mit einer psychologischen Richtung vergleichen möchte, dann böte sich die Jungsche Psychologie an. Jung spricht davon, daß der Mensch nur dann zu sich selbst findet, wenn er das Bild Gottes in sich zuläßt. Zur Ganzwerdung gehört für Jung die Erfahrung des Numinosen, des Göttlichen. Dabei beschränkt sich Jung als Empiriker auf das Bild Gottes, das er in vielen Symbolen entdeckt, die in unseren Träumen auftauchen. Jeder Mensch – selbst der Atheist – findet in seinem Unbewußten Bilder Gottes vor. Und nur wenn er diese Bilder zuläßt und integriert, wenn er sich auf sie bezieht, wird er sein wahres Selbst entdecken. Das Selbst verbindet in sich schon Bewußtes und Unbewußtes, Menschliches und Göttliches. Als Psychologe beschränkt sich Jung auf das empirisch nachweisbare Bild Gottes. Als Mensch glaubt er an den wirklichen Gott. Und er hat nicht nur an sich, sondern auch an seinen Patienten erfahren, daß die Beziehung zu Gott, das Zulassen des Göttlichen in uns die Voraussetzung ist, daß unser Leben gelingt, daß es ganz wird, daß wir zu uns selbst finden. So können wir von Jung her gut verstehen, daß die Botschaft von der Vergöttlichung nicht nur eine ferne und abstrakte Lehre ist, sondern eine Frohe Botschaft, die uns verkündet, daß Gott schon in uns wohnt und daß Gott unser Leben vergöttlicht, verwandelt und heilt.

Die Erlösungslehre von der Vergöttlichung des Menschen gipfelt in der Theologie der Mystik. Die Mystik ist der Ort, an dem wir unsere Einheit mit Gott erfahren dürfen. Daher ist der Ort, an dem wir die Erlösung durch Jesus Christus erleben, für Johannes das Gebet und die Meditation, sowie die Liturgie. In jeder Eucharistie erreicht uns die Liebe Jesu, mit der er uns bis zum Ende geliebt hat. Die Sakramente sind für Johannes der Ort, an dem uns Blut und Wasser, die aus Jesu geöffneter Seite flossen, auf uns ausgegossen werden. Blut und Wasser sind ein Bild für Eucharistie und Taufe, aber auch für den Geist, der durch den Tod Jesu auf uns ausgegossen wird und der uns in den Sakramenten erreicht. In den Sakramenten berührt uns die Hand des geschichtlichen Jesus, da erreicht uns seine Menschwerdung und erfüllt uns mit göttlichem Leben. Indem wir in den Sakramenten Anteil erhalten am göttlichen Leben, werden wir innerlich verwandelt. Das göttliche Leben durchdringt unseren sterblichen Leib, unsere Destruktivität, unsere Angst vor Vergänglichkeit und die Wunden, die uns das Leben geschlagen hat, und in ihm die Liebe Gottes, die in Jesus offenbar geworden ist. Die Liebe Gottes berührt unsere Wunden und verwandelt sie. Sie gibt unserem Leben einen neuen Geschmack. Unser Leben bekommt eine neue Qualität, es wird ewiges Leben. Ewiges Leben meint nicht das Leben nach dem Tod, sondern Lebendigkeit, Lust am Leben, Leben in Fülle (Joh 10,10). Darin besteht die Erfahrung von Erlösung für Johannes, daß wir das Leben in Fülle in uns spüren und daß wir Lust am Leben haben.

Neben den Sakramenten ist die Kontemplation der Ort, an dem die Erlösung durch Jesus Christus uns erreicht und in unser Erleben tritt. In der Kontemplation erfahren wir, daß Gott in uns selber Wohnung genommen hat (Vgl. Joh 14,23). In uns ist ein Raum, über den die Welt keine Macht hat. Gott hat uns in Jesus Christus von der Macht dieser Welt befreit. Das ist für Johannes vor allem eine mystische Erfahrung. In der Kontemplation entdecken wir den Raum in uns, in dem Gott wohnt, zu dem die Welt keinen Zutritt hat, zu dem die Menschen mit ihren Ansprüchen und Erwartungen keinen Zutritt haben. In diesem Raum der Stille in uns spüren wir, daß wir nicht aus dem Willen des Mannes und nicht aus dem Fleisch, sondern aus Gott geboren sind (Joh 1,13). Wir definieren uns also nicht von den Eltern her, von den Menschen und ihrer Zuwendung her, sondern von Gott her. Wo Gott in uns wohnt, da hat die Welt keine Macht über uns, da entdecken wir unser wahres Wesen, da kommen wir ganz zu uns selbst, da finden wir das unberührte Bild Gottes von uns. Gott ist die wahre Befreiung des Menschen. Gott befreit uns von der

Macht der Welt und er befreit uns zu uns selbst. Wir sind von Gottes Geist durchdrungen. Wenn wir tief genug in uns hineinschauen, stoßen wir auf dem Grund unserer Seele auf Gott als der inneren Heimat, in der wir ganz wir selber sein dürfen.

In der Kontemplation wird der Mensch zum Tempel Gottes, da wird er eins mit dem dreifaltigen Gott, der in ihm Wohnung nimmt. Das ist für die frühen Mönchsväter, etwa für Evagrius Ponticus, die höchste Würde des Menschen, daß er beten kann und im Gebet mit Gott eins werden darf. In der Kontemplation gelangt der Mensch nach Evagrius in das innere Heiligtum seiner Seele, in dem Gott selbst in ihm wohnt. Dort ist er ganz heil, dort ist er frei von allen menschlichen Erwartungen und Bedrängnissen, dort ist er auch frei von der eigenen Schuld. Denn an diesen Ort, an dem Gott selbst in ihm wohnt, hat die Schuld keinen Platz, da hat die Selbstverurteilung und Selbstzerstörung keinen Zutritt, da ist er wahrhaft erlöst, heil und ganz. Aber es braucht den menschlichen Weg der Übung, der Stille, der Kontemplation, um diesen Raum in sich zu entdecken und aus ihm heraus zu leben. Die Erlösung, die Christus durch seine Menschwerdung gewirkt hat – denn da hat sich Gott ein für allemal mit dem Menschen verbunden –, erreicht uns also im Gebet, in der Stille, in der Kontemplation. Dort verwandelt Christus, der uns bis zum Ende geliebt hat, unsere Liebesunfähigkeit in Liebe. Indem wir etwa im Jesusgebet die Liebe Christi in uns einlassen, wird unser verhärtetes Herz wieder weich. Die Liebe beginnt darin zu strömen. Wir kommen in Berührung mit der Quelle göttlicher Liebe in uns, die nicht versiegen kann, weil sie unendlich ist.

7. Paulus – Erlösung als Befreiung und Rechtfertigung

Wie kein anderer hat der Apostel Paulus die christliche Lehre von der Erlösung geprägt. Seine Aussagen über Erlösung, Sühne und Versöhnung, Stellvertretung und Rechtfertigung sind in die Verkündigung von der Erlösung eingegangen. Viele berufen sich auf Paulus, wenn sie vom Sühnetod Jesu sprechen. Sie wiederholen seine Worte. Aber oft hat man den Eindruck, daß sie gar nicht so genau wissen, was sie wirklich sagen und wie sie verstehen sollen, was sie sagen. Der Tod Jesu spielt bei Paulus eine entscheidende Rolle. Allerdings hat Paulus keine systematische Deutung des Todes Jesu entwickelt. Vielmehr wirken bei ihm verschiedene Vorstellungen bei der Deutung des Kreuzestodes mit. Immer wieder betont Paulus, daß Christus „für uns", „für unsere Sünden" gestorben sei. Oft nennt er Gott als den Handelnden. Gott „hat ihn für uns hingegeben" (Röm 8,32). Paulus benützt hier Formeln, die er in der christlichen Gemeinde und Liturgie vorfindet, Glaubensbekenntnisse, wie sie überall weitergegeben wurden. So gibt er weiter, was er selbst empfangen hat: „Denn vor allem habe ich euch überliefert, was auch ich empfangen habe: Christus ist für unsere Sünden gestorben, gemäß der Schrift, und ist begraben worden. Er ist am dritten Tag auferweckt worden, gemäß der Schrift, und erschien dem Kephas, dann den Zwölf." (1 Kor 15,3-5) Allen Formulierungen, die Paulus aus der Tradition übernimmt, ist das „hyper, für uns, für unsere Sünden" gemeinsam. „Er starb für uns" (Röm 5,8) heißt für die frühen Christen: „Das Sterben Christi geschieht für uns und kommt uns zugute." (Kertelge 117) Mit dem Bekenntnis, daß Christus für uns gestorben ist, haben die ersten

Christen dem Tod Jesu, der für sie zunächst eine Katastrophe war, einen heilstiftenden Sinn gegeben.

Daß Jesus für unsere Sünden gestorben ist, hat bei Paulus drei Bedeutungen: „wegen unserer Sünden, an unserer Stelle, die wir eigentlich den Tod verdienten, uns zugute, also mit der Wirkung der Befreiung von den Sünden und der Neubegründung des Lebens." (Ebd 118) Wir tun uns mit dem Begriff der Sühne schwer, den Paulus hier verwendet. Aber er übernimmt damit ein jüdisches Schema. Gott nimmt den Tod des Märtyrers als Ersatz für das durch die Sünden verwirkte Leben des Volkes. Paulus ändert jedoch das jüdische Schema. Der Tod Jesu ist nicht Ersatz für die andern, sondern er wird von Gott selbst initiiert. „Gott bereitet selbst im Tode Jesu die Sühne, derer wir bedürfen. Damit wird das jüdische Schema von der Ersatzleistung an Gott an einer entscheidenden Stelle in Frage gestellt. Im Sühnetod Jesu geht es nicht um die Besänftigung des Zornes Gottes, sondern um Gottes Heilsoffenbarung, mit der er sich uns zuwendet." (Ebd 118f) Gott selbst wirkt im Gekreuzigten die Vergebung der Sünden. Er schenkt uns die Versöhnung und stiftet im Kreuz Jesu einen neuen Bund, den Bund in seinem Blut, in seiner Liebe. Sühne meint nicht, daß der Mensch etwas für Gott leisten muß, sondern daß Gott den Menschen von der Sünde und ihren Folgen, von der inneren Zerrissenheit und Entfremdung, befreit und heilt. Wenn Menschen sagen, Christus habe unsere Sünden gesühnt, schwingen meistens heidnische Vorstellungen mit, als ob er für unsere Sünden bestraft worden sei, als ob er durch das Leiden die Sünde abgebüßt habe. Sühne heißt für Paulus jedoch etwas ganz anderes, sie ist ein Bild dafür, daß uns die Vergebung unserer Sünden nicht nur äußerlich gerecht spricht, sondern daß wir von den Folgen der Sünde befreit worden sind, daß die Sünden keine Macht mehr über uns haben. Aber die Sühne, das Wegnehmen der Sünde, geschieht nicht in erster Linie durch ein Opfer, sondern durch die Liebe Gottes, die im Kreuz seines Sohnes offenbar geworden ist. Die Liebe Gottes überwindet die Ablehnung der Menschen, die sich in ihrer Schuld so verstrickt hatten, daß sie keinen Ausweg daraus fanden. Gott bietet uns also im Sühnetod seines Sohnes einen Weg zum Frieden an, einen Weg der Versöhnung und des neuen Anfangs. Versöhnung bedeutet für Paulus, daß Gott Frieden stiftet für die verfeindeten Menschen. Dabei muß nicht Gott seine Haltung ändern. Denn die ist immer schon Barmherzigkeit und Liebe. Vielmehr gibt Gott den Menschen durch seine im Kreuz erscheinende überwältigende Liebe die Möglichkeit, ihre Feindschaft, ihre Selbstentfremdung, ihre Ablehnung aufzugeben und sich von neuem Gott zuzuwenden.

Paulus verbindet die Sühne oft mit dem Blut Christi. Gott hat Jesus „dazu bestimmt, Sühne zu leisten mit seinem Blut" (Röm 3,25). Christus hat am Kreuz Friede gestiftet durch sein Blut. (Kol 1,20). Nach einem Vortrag erklärte mir eine Frau, für sie sei das Blut Christi das Entscheidende bei der Erlösung. Sie fühle sich durch das Blut Christi reingewaschen. Als ich sie fragte, was sie darunter verstehe, warf sie mir vor, ich würde alles hinterfragen. Aber mir kam das ständige Reden vom Blut richtig blutrünstig vor. Und ich hatte kein gutes Gefühl dabei. Was meint Paulus, wenn er immer wieder vom Blut Christi spricht, durch das er unsere Sünden gesühnt hat? Paulus übernimmt hier „die gemeinchristliche Redeweise vom Blut Christi als Hinweis auf den stellvertretenden Tod Christi" (Lohse 102). „Fleisch und Blut" sind für die Juden Bezeichnung für den irdischen Menschen. Die Juden benutzten beim Ritual der Entsündigung des Volkes Blut. Mit Blut besprengten sie das Sühnmal auf der Bundeslade. Paulus will mit der Sühne durch Blut nur sagen, daß Christus für uns das Zeichen ist, daß Gott uns die Sünden vergeben hat. Wir brauchen keine komplizierten Blutriten mehr. Am Kreuz hat Gott Christus für uns alle zum wirksamen Sühnmal gemacht. Wenn wir auf ihn schauen, wissen wir, daß unsere Sünden vergeben sind. Das Blut, das er am Kreuz für uns vergossen hat, ist Ausdruck einer Liebe, die sich nicht zurückhält, sondern sich ausgießt für die Geliebten. So wie das Blut beim Liebenden in Wallung gerät, so strömt im Tod Jesu das Blut zu den Menschen, denen seine Liebe gilt. Paulus denkt hier nicht blutrünstig, nicht gewaltsam, sondern in der Sprache der Liebe.

Ein anderer Begriff, der bei Paulus vorkommt, ist der der Stellvertretung: „Die Liebe Christi treibt uns, seitdem wir dieses Urteil haben: Einer ist für alle gestorben, also sind alle gestorben. Er ist ja dazu für alle gestorben, daß sie als Lebende nicht mehr sich selbst leben, sondern dem, der für sie gestorben ist und auferweckt wurde." (2 Kor 5,14f) Hier ist das Kreuz Ausdruck der Liebe Christi zu uns. Stellvertretung ist für Paulus hier nicht eine Ersatzleistung. Er nimmt vielmehr den jüdischen Begriff der „korporativen Persönlichkeit" auf, die einen Menschen bezeichnet, der durch die tief im Menschen begründete Solidarität eins ist mit allen. Was einem Menschen geschieht, geschieht allen. Jesus ist der neue Adam. Während Adam gesündigt hat und uns an seiner Sünde Anteil gibt, war Christus gehorsam und gibt uns Anteil an seinem Gehorsam, an seiner Liebe. Wir sind im Tiefsten mit Christus verbunden. Und diese Verbundenheit hat Konsequenzen. In 2 Kor 5,14f hat die Verbundenheit mit Christus die Konsequenz, daß Paulus seinen apostolischen Dienst als Ausdruck der Liebe und Hingabe versteht. Paulus hat teil an der Liebe Christi, die sich in seinem Tod am deutlichsten ausgedrückt hat. Christus hat den Ungehorsam des ersten Adams aufgehoben und dadurch „die Unheilsgeschichte durchbrochen und der Menschheit einen neuen Anfang gesetzt: ‚Das Alte ist vergangen, siehe Neues ist geworden' (2 Kor 5,17)“ (Kertelge 122). Stellvertretung heißt also nicht, daß Christus alles für uns getragen hat, damit wir nichts mehr zu tragen haben, sondern daß er für uns gehorsam war, daß er für uns alle und in Verbindung mit uns einen neuen Weg gezeigt hat, den Weg der Liebe. Stellvertretung meint, daß ein Mensch nichts tun kann, ohne daß es die andern berührt. Was Jesus getan hat, berührt immer schon uns. Seine Liebe, sein Gehorsam verändert uns, ohne daß wir selbst schon gehorsam waren. Erlösung geht uns voraus. In Jesus ist ein neuer Weg, eine neue Möglichkeit, ein neues Sein sichtbar geworden. Und damit ist unsere Situation grundlegend verändert. Bevor wir anfangen zu denken und zu fühlen, sind wir schon beeinflußt von der Liebe Jesu, wie sie sich in seinem Tod am Kreuz vollendet hat.

Neben der Versöhnungssymbolik, die die stellvertretende Liebe Christi als Weg zum Frieden mit Gott und mit uns selbst beschreibt, kennt Paulus noch eine Befreiungssymbolik und eine Rechtfertigungssymbolik. Mit Befreiung und Rechtfertigung werden zwei weitere Aspekte unserer Erlösung sichtbar. Erlösung ist für Paulus vor allem Befreiung. Die Freiheit, die Paulus als die erste Frucht der Erlösung beschreibt, meint in erster Linie eine Freiheit vom Gesetz: „Das

Gesetz des Geistes und des Lebens in Christus Jesus hat dich frei gemacht vom Gesetz der Sünde und des Todes" (Röm 8,2). Die Kirche ist die Gemeinschaft freier Söhne und Töchter Gottes. Ja, die Freiheit hat sogar eine kosmische Dimension. Die ganze Schöpfung wartet darauf, von der Knechtschaft der Vergänglichkeit zur Freiheit der Herrlichkeit der Kinder Gottes befreit zu werden. (Schnackenburg 54f) Christus befreit uns von der Macht der Sünde, des Gesetzes und des Todes. Er schenkt uns eine Freiheit zur Liebe, zum befreienden Wirken unter den Menschen. Die Freiheit, die Christus uns schenkte, „gibt weiter, was sie empfing, und schafft damit Raum für die, welche in sich selbst, in ihren Ängsten und Süchten gefangen sind. Sie hat dienende und helfende Funktion und hält damit das Bild Jesu wach." (Käsemann, zit. v. Schnackenburg 55) In der Freiheit, die Christus uns durch den Geist hier schenkt, wird die Freiheit der künftigen Welt schon sichtbar, die Freiheit der Auferweckung von den Toten. Der Mensch war nach Paulus in sich selbst versklavt, er war den Mächten des Bösen ausgeliefert. In der Freiheit findet er seine eigene Würde wieder, da wird das Bild Gottes in ihm wieder sichtbar. Paulus kann sagen, daß uns Gott befreit hat oder aber Christus. „Die befreiende Tat Christi war sein Tod, durch den wir mit Gott versöhnt (Röm 5,10) und so in den Raum der Liebe und Freiheit Gottes eingelassen wurden." (Ebd 57) Die Freiheit ist aber auch eine Frucht des Geistes. „Wo der Geist des Herrn ist, da ist Freiheit." (2 Kor 3,17) „Als Geisterfüllter und Geistgetriebener wird der Christ ein freier Sohn Gottes (vgl. Gal 4,6), und sein Freisein ... erweist sich als Wirklichkeit in der Überwindung aller Gesetzesknechtschaft durch die Kraft des Geistes (vgl. Gal 4,8f; 2 Kor 3,6)." (Ebd 57) Der Geist in uns ist eine treibende Kraft, die uns zu Taten der Liebe drängt, zum befreienden Tun, das auch andere Menschen zur Freiheit führt. Dabei hat Paulus vor allem die Freiheit des einzelnen im Auge. Aber auch die Freiheit des Volkes, die politische und soziale Freiheit ist zumindest mitgemeint. So ist durch Christi Tod für Paulus ein Befreiungsprozeß angegangen, der durch die Zeiten hindurch mehr und mehr die Menschheit zur Freiheit führen soll. Die Freiheit ist uns von Christus geschenkt worden, sie ist aber auch zugleich eine Forderung an uns. Wir sollen mitwirken, daß die Menschen frei werden, bis die Freiheit der Kinder Gottes sich auch in der gesamten Schöpfung auswirkt und so etwas von der Neuen Schöpfung in Christus sichtbar werden läßt.

Das dritte Symbol für die Erlösung in Christus ist für Paulus die Rechtfertigung allein aus dem Glauben. Hier hat Paulus sowohl die in Christus geschehene objektive, als auch die im Menschen sich auswirkende subjektive Erlösung im Auge. Die Botschaft von der Rechtfertigung allein aus dem Glauben hat Paulus vor allem im Römerbrief und im Brief an die Galater verkündet. Die Botschaft von der Befreiung hängt dabei eng zusammen mit der Verkündigung der Rechtfertigung aus dem Glauben. Im Galaterbrief wird der Zusammenhang sichtbar: Gott hat uns in Christus befreit und in dieser Freiheit dürfen wir nicht mehr in die Knechtschaft des Gesetzes zurückfallen: „Als aber die Zeit erfüllt war, sandte Gott seinen Sohn, geboren von einer Frau und dem Gesetz unterstellt, damit er die freikaufe, die unter dem Gesetz stehen, und damit wir die Sohnschaft erlangen. Weil ihr aber Söhne seid, sandte Gott den Geist seines Sohnes in unser Herz, den Geist, der ruft: Abba, Vater. Daher bist du nicht mehr Sklave, sondern Sohn; bist du aber Sohn, dann auch Erbe,

Erbe durch Gott." (Gal 4,4-7) Immer wieder verkündet Paulus daher: „Zur Freiheit hat uns Christus befreit." (Gal 5,1) Daher sollen wir nicht wieder unter das Joch der Knechtschaft geraten. In der Befreiung von der Macht des Gesetzes hat Paulus seine eigene Bekehrung erlebt. Er, der ein Eiferer für das Gesetz war, der mit größter Anstrengung alle Vorschriften des Gesetzes erfüllt hat, er hat erfahren, daß sein ganzes selbstgemachtes Lebensgebäude zusammengebrochen ist. Diese Erfahrung hat auch seine Lehre von der Erlösung geprägt.

Die Not, auf die die paulinische Rechtfertigungslehre antwortet, besteht in den vielen Zwängen, denen wir unterworfen sind. Was die Neurotiker mit ihrer Zwanghaftigkeit deutlich machen, das liegt ein Stück weit in uns allen. Wir leben nicht frei, sondern sind irgendwelchen Mechanismen unterworfen. Wir sind von inneren Zwängen beherrscht. Oft genug ist unsere ganze Religion zu einem System von solchen Zwängen geworden. Das hat Sigmund Freud veranlaßt, die Religion als Zwangsneurose zu bezeichnen. Die Zwänge, denen sich der religiöse Mensch unterwirft, sollen nach Freud die Angst bannen, von der er geplagt wird. Ein Kind bannt seine Angst vor dem Ungewissen z. B. dadurch, daß es mit sich eine Abmachung trifft, nur auf jeden dritten Stein auf dem Pflaster zu treten. Die eigentliche Not der Menschen ist hier die Angst. Und sie versuchen, die Angst dadurch aufzuheben, daß sie sich an feste Normen halten, daß sie mit sich Verträge schließen, die sie genau befolgen. Solche Verträge können lauten: „Wenn ich jeden Tag einen Rosenkranz bete, dann kann mir nichts passieren, dann muß ich einen guten Tod sterben. Oder wenn ich jeden Sonntag in die Kirche gehe, werde ich keinen Unfall haben." Die Verträge können aber auch weniger fromm sein und die Lebensweise betreffen: „Wenn ich kein Fleisch esse und mich an die oder jene Diät halte, werde ich keinen Krebs bekommen. Wenn ich jeden Tag einen Waldlauf mache, werde ich keinen Herzinfarkt haben." So gesund solche Lebensweisen auch sind, so können sie uns auch einengen, wenn wir daraus allein das Heil erwarten. Sie können uns versklaven. Wir schauen dann nur noch auf die genau geprüfte Nahrung oder auf die Kilometer, die wir täglich laufen. Solche Zwänge können wir heute überall beobachten. Da gibt es den Leistungszwang des Moralisierens, da gibt es einen psychologischen Leistungsdruck, als ob wir alle Komplexe aufarbeiten müßten, und da gibt es einen sportlichen, einen kulturellen oder einen spirituellen Leistungsdruck, der uns beherrschen kann. Wir zwängen uns in selbst gemachte Gesetze ein und meinen, davon hänge unser ganzes Heil ab. Dagegen kämpft Paulus und zeigt uns, daß Erlösung etwas ganz anderes bedeutet.

Für Paulus besteht die Erlösung in Jesus Christus vor allem in der Freiheit, die uns Christus geschenkt hat, in der Freiheit von allen Zwängen, von äußeren wie inneren Zwängen, von außen auferlegten wie von selbst gemachten Zwängen. Gott ist uns in Jesus Christus als der Gott begegnet, der uns befreit von allem Zwang. In der äußeren Forderung der Galater, sich beschneiden zu lassen, drückt sich der innere Zwang aus, Gott etwas vorweisen, vor ihm etwas leisten zu müssen. Tief in der menschlichen Seele ist dieser Zwang eingeprägt. Ob bewußt oder unbewußt, wir glauben im tiefsten Herzen, daß wir unsere Daseinsberechtigung verdienen müssen, daß wir Gottes Gnade, daß wir das Angenommenwerden und Geliebtwerden durch Leistung erkaufen müssen. Das kann eine religiöse Leistung sein, daß wir alle kirchlichen Pflichten erfüllen. Das kann moralisch gefärbt sein, daß wir unsere Fehler bekämpfen und besiegen müssen, daß wir perfekt sein müssen, sündenfrei, daß wir alle Gebote Gottes gehorsam befolgen. Das kann auch im zwischenmenschlichen Bereich sein, daß wir uns das Akzeptiertwerden durch die andern erkaufen, indem wir ihnen etwas vorweisen müssen. All diese Zwänge verhindern wahres Menschsein. Wir sind nur etwas wert, wenn wir etwas leisten. Wir sind nur dann Gott wohlgefällig, wenn wir alles erfüllen, was uns unsere religiöse Tradition vorschreibt.

Diese Haltung, sich Menschsein verdienen zu können, steht oft genug auch hinter der christlichen Askese. Wir meinen, verzichten sei immer besser als genießen, Opfer bringen besser als sich etwas gönnen. So wichtig Askese für die menschliche Reifung auch ist, sie darf nie auf der falschen Grundlage einer Werkgerechtigkeit geübt werden. Sonst trennt sie uns von Gott, sonst fallen wir aus der Gnade heraus. Christliche Askese ist immer eine Askese der Schwachheit und nie der Stärke, die auf ihre Leistung pocht. Weil wir schwach sind, müssen wir uns disziplinieren, um nicht völlig in Unordnung zu geraten. Aber das Heil können wir uns durch die Askese nicht erwirken. Das Heil wirkt immer Gott. Die Rechtfertigung kommt kraft des Geistes, den Gott uns schenkt, wenn wir uns im Glauben für ihn öffnen. Das ist nicht nur eine Frage der Galater und nicht nur eine Frage Martin Luthers. Es ist vielmehr die Grundfrage unserer christlichen Existenz. Setzen wir unser Vertrauen auf Gott oder auf uns selbst und auf unsere Leistung? Erlösen wir uns aus eigener Kraft oder nehmen wir dankbar die Erlösung durch Jesus Christus an? Selbst wenn wir theologisch richtig denken und darin Paulus und

Luther folgen, kann die Werkgerechtigkeit doch tief in unserem Herzen weiter wohnen und uns im Innersten bestimmen.

Bei der Übersetzung der paulinischen Erlösungsbotschaft in unsere Zeit hat der evangelische Theologe Paul Tillich die Rechtfertigung des Sünders als Annahme des Unannehmbaren verstanden. Damit hat er einen wesentlichen Aspekt dieses Erlösungsmodells gesehen. Weil viele Menschen sich als unannehmbar erfahren, setzen sie sich ständig unter Druck, um das Angenommenwerden zu erkaufen, zu erarbeiten. Sie wollen ihren eigenen Wert, ihr Heil, durch eigene Leistung verdienen. Aber damit überfordern sie sich heillos. Das Vertrauen auf den Gott, der mich Unannehmbaren ohne Bedingung annimmt, der mich Sünder rechtfertigt, der zu mir sagt: es ist gut so, wie du bist, du darfst so sein, dieses Vertrauen befreit von allem Leistungsdruck und von aller Unruhe, in die viele flüchten, um sich selbst aus dem Weg zu gehen. Viele Therapeuten versuchen heute, ihren Patienten zu vermitteln, daß sie ja sagen sollen zu sich selbst, daß sie sich von den eigenen Leistungsanforderungen verabschieden sollen, daß sie aussteigen sollen aus dem inneren Hochleistungssport, bei dem sie die moralische oder psychologische Meßlatte immer höher legen. Paulus will uns die gleiche Botschaft auf der religiösen Ebene sagen. Gott ist der, der mich befreit von diesem gnadenlosen Konkurrenzkampf, auf den ich mich einlasse, um in dieser Welt bestehen zu können. Gott bietet mir eine andere Lebensmöglichkeit an: die Erfahrung der Rechtfertigung des Sünders, die Erfahrung, daß Gott alles in mir recht macht, daß alles in mir gut ist, wenn ich Gott in mir Raum gebe, wenn ich auf Gott mein Vertrauen setze. Ich brauche gar nichts mit zu bringen, keine Leistung, keine moralische oder psychologische Qualifikation. Es genügt, mich so, wie ich bin, in aller Ohnmacht, mit aller Zerrissenheit, Gott hinzuhalten. Er formt aus mir den Menschen, der auf einmalige Weise Sein Bild in dieser Welt darstellen darf.

8. Der Hebräerbrief – Erlösung als Zugang zu Gott

Der Hebräerbrief wurde gerade von der katholischen Theologie immer wieder herangezogen, um den Tod Jesu als Opfer zu verstehen, ähnlich wie die Opfer des Alten Bundes. Doch damit war das Wesen der Erlösungsbotschaft im Hebräerbrief verkannt worden. Viele meinen, der Hebräerbrief sei jüdischen Vorstellungen verpflichtet. Doch heute sind sich die Exegeten darüber einig, daß der Autor dieser „Mahnrede" am Ende des ersten Jahrhunderts die jüdischen Opfervorstellungen nur dazu benutzt, eine Theologie zu entwickeln, die der hellenistischen Philosophie, vor allem der Philosophie eines Philo von Alexandrien, verpflichtet ist und die die Christen neu motivieren möchte, der Botschaft Jesu zu folgen. Die richtige Theologie der Erlösung steht im Dienste der Ermahnung und Ermutigung zu einem Leben im Geiste Jesu.

Die Not, auf die die Erlösungsbotschaft des Hebräerbriefes antwortet, ist einmal die Unanschaulichkeit des Heils. Die Christen haben die Botschaft von und über Jesus gehört. Aber sie spüren nichts von der Freude des Hl. Geistes, nichts von der Erlösung und Befreiung. Stattdessen sind sie müde geworden auf ihrem Weg. „Die Hände sind gelähmt, die Knie wankend geworden (12,2). ... Leiden und Verfolgung, die Unabsehbarkeit und scheinbare Unwirksamkeit der geglaubten Botschaft haben ihre feste Zuversicht und Überzeugung wankend gemacht (12,12)." (Fiorenza 271) Die Christen sind resigniert, weil sie die befreiende Kraft des Evangeliums und die angeblich erfolgte Erlösung in Jesus Christus nicht erfahren. Die ersten Christen haben an die nahe Wiederkunft Christi geglaubt. Jetzt erlebt die

Gemeinde, daß sich das Kommen Christi herauszögert. Die Sehnsucht nach dem Kommen Christi hat nachgelassen. „Man sucht sich wieder in der Welt einzurichten und sich ihr anzupassen. Dieser fundamentalen Glaubensschwäche sucht der Verfasser als ‚Seelsorger' durch Mahnung und Tadel, durch Warnung und Drohung, durch Lob und Verheißung, aber auch und vor allem durch eine tiefere theologische Durchdringung und Aufdeckung der Situation zu begegnen." (Ebd 271). Eine neue Theologie der Erlösung soll also helfen, daß die Christen aus ihrer Müdigkeit und Resignation herausgerissen werden, daß sie wieder etwas von der Erlösung in Jesus Christus spüren und sich daran aufrichten. Insofern ist der Hebräerbrief, auch wenn uns seine Sprache sehr fremd zu sein scheint, hochaktuell. Denn das ist ja auch unsere Situation, daß wir müde geworden sind im Glauben, daß wir darunter leiden, daß von der Erlösung sowenig erfahrbar und sichtbar ist, daß wir mutlos und schwach geworden sind, daß die sittliche Kraft der Christen offensichtlich abgenommen hat, daß die Christen in der Welt von heute immer bedeutungsloser werden.

Die Antwort, die der Hebräerbrief gibt, geht von einer anderen Weltsicht aus als noch die Antwort des Apostels Paulus. „Anstelle des fraglich gewordenen zeitlichen Parusieschemas bevorzugt der philosophisch gebildete Verfasser das räumlich-metaphysische Schema von irdisch und himmlisch. Ähnlich wie der jüdische Religionsphilosoph Philo von Alexandrien (um 20 v. Chr. bis etwa 50 n. Chr.) teilt er die Wirklichkeit in zwei Bereiche ein, in einen irdischen, abbildlichen, schattenhaften und vergänglichen und in einen himmlischen, urbildlichen, wirklichen und ewigen." (Schierse 9) Mit diesem Schema wird der Autor frei von der Frage, wann nun Christus wieder erscheinen wird. Er antwortet den Christen auf ihre heutigen Fragen. Wie können sie heute an der Erlösung teilhaben, wie können sie heute, mitten in der Anfechtung durch Resignation, aber auch durch Feindschaft und Unverständnis, als erlöste Menschen leben? Bei der Antwort berücksichtigt der Autor sowohl die Vergangenheit, in der die Erlösung geschehen ist, als auch die Zukunft, die die Erlösung vollenden wird. Aber entscheidend ist ihm die Gegenwart. Wie können wir jetzt im Augenblick Erlösung erfahren? Wie erreicht uns die in Jesus Christus ein für allemal geschehene Erlösung?

Um diese Frage beantworten zu können, greift der Verfasser auf das jüdische Opferwesen zurück. Aber die Beschreibung der jüdischen Opfer dient ihm nur dazu, die ganz anders geartete Erlösung durch Jesus Christus zu beschreiben. Er bleibt also den kultischen Begriffen nicht verhaftet, sondern übersteigt sie, während wir in unserer Interpretation oft Jesu Opfer in der gleichen Linie sehen wie die alttestamentlichen Opfer. Für den Hebräerbrief ist nicht das Opfer wichtig, sondern der Zugang zum Allerheiligsten. Das Opfer Jesu am Kreuz „hat den Weg in das wahre Allerheiligste Gottes geöffnet, so daß die Gläubigen jetzt schon ‚das Wesensbild der Dinge' (10,1) besitzen und zum himmlischen Heiligtum, der Gnadengegenwart Gottes, hinzutreten dürfen (4,16; 10,19-22; 12,22-24). Die Unanschaulichkeit des Heils, unter der die Gläubigen leiden, beruht also nur auf einer falschen Beurteilung der Wirklichkeit. Was zählt, sind nicht die sichtbaren, irdischen Dinge, sondern die bleibenden, unsichtbaren, himmlischen Güter (K. 11)." (Schierse 10) Indem Jesus in das Allerheiligste, in das himmlische Heiligtum, eingetreten ist, setzt er die Erlösung bleibend in Kraft und ermöglicht auch uns den Weg hinter den Vorhang, den Zugang zur wahren Wirklichkeit, den Zugang zu Gott. Der Autor will den Christen Mut machen. Das Heil ist schon da. Christus ist schon in das Heiligtum geschritten und hat uns den Zugang dazu geöffnet. Er hat uns einen Weg ermöglicht. Er ist der Anführer im Glauben, der archegos, der Anführer des Heils, der uns auf dem von ihm selbst gebahnten Weg zum Heil führt. Christus ist auf diesem Weg schon vollendet und will auch uns zur Vollendung führen. Der Erlöser und die Erlösten haben die gleiche Herkunft, sie sind des gleichen Geschlechts. Weil wir wesenhaft mit Christus verwandt sind (syngeneia), wird sein Schicksal auch zu unserem. Es ist nicht nur eine Verwandtschaft, sondern wir alle stammen aus einem einzigen (ex henos). Wegen dieser inneren Verbundenheit mit dem Erlöser wird der „vollendete Vollender ... die Seinen zum himmlischen Ruheort als dem gemeinsamen Ziel" (Grässer 134) führen.

Zugang zum Heiligtum, zur wahren Wirklichkeit, ist ein entscheidendes Bild für die Erlösung. Das andere Bild ist das des Fürsprechers. Als der Vollendete, als der zur Rechten Gottes Erhöhte, tritt Christus nun für uns ein. Jesus ist der Hohepriester, der fürbittend für uns vor Gott steht. Seine Fürbitte ist „Ausdruck der bleibenden Bedeutung seiner Selbsthingabe" am Kreuz. (März 12). Während die Hohenpriester hier auf Erden immer wieder in das Heiligtum eintreten mußten, um für die Sünden der Menschen Sühne zu leisten, ist Jesus ein für allemal in das himmlische Heiligtum eingegangen. „Christus aber ist gekommen als Hoherpriester der künftigen Güter; und durch das erhabenere und vollkommenere Zelt, das nicht von Menschenhand gemacht, das heißt nicht von dieser Welt ist, ist er ein für allemal in das Heiligtum hineingegangen, nicht mit dem Blut von Böcken und jungen Stieren, sondern mit seinem eigenen Blut, und so hat er eine ewige Erlösung bewirkt." (Hebr 9,11f) Zur Rechten Gottes erhöht leistet er ständig für uns Fürbitte und tritt für uns ein. Wenn wir zu ihm aufschauen, haben wir teil an dem Heil, das er für uns gewirkt hat. Dabei ist der Tod Jesu zwar als Sühne verstanden. Die Sühne meint aber nicht eine Strafe für die Sünden, die Jesus erlitten haben sollte. Vielmehr meint Sühne die Entsündigung, die Befreiung von der Sünde. Die Sünde verschließt den Zugang zu Gott. Jesus ist in seinem Tod durch das Zelt ins Heiligtum geschritten. Sein Tod ist also vor allem Zugang. Er bewirkt auch die Vergebung der Sünden, aber nicht, weil er für uns eine Strafe auf sich genommen hat, sondern weil er uns durch seine Liebe, die auch den Tod durchschritt, von unserer Verhaftung an die Sünde befreit hat.

Ein dritter Gedanke von Erlösung ist für den Hebräerbrief der Gedanke des ewigen Bundes, den Christus durch seinen Tod mit uns geschlossen hat. Christus ist der „Mittler eines besseren Bundes" (8,6). Er erfüllt die Verheißung des neuen Bundes, wie ihn der Prophet Jeremia beschrieben hat: „Das wird der Bund sein, den ich nach diesen Tagen mit dem Haus Israel schließe – spricht der Herr: Ich lege meine Gesetze in ihr Inneres hinein und schreibe sie ihnen in ihr Herz. Ich werde ihr Gott sein, und sie werden mein Volk sein. Keiner wird mehr seinen Mitbürger und keiner seinen Bruder belehren und sagen: Erkenne den Herrn! Denn sie alle, klein und groß, werden mich erkennen. Denn ich verzeihe ihnen ihre Schuld, und an ihre Sünden denke ich nicht mehr." (Hebr 8,10-12 = Jer 31,33f) Auch der neue Bund wurde wie der alte mit Blut besiegelt. Der

Hebräerbrief bezieht sich hier sicher auf die Abendmahlstradition, in der Jesus ja über den Becher Wein sagt: „Das ist mein Blut, das Blut des Bundes, das für viele vergossen wird." (Mk 14,24) Dabei ist dem Autor des Hebräerbriefes wichtiger als das Blut, von dem er schreibt, der neue Bund, den Christus für uns Menschen bewirkt hat, ein Bund, der bedeutet, daß Gott uns unsere Schuld nicht anrechnet und daß Gott für immer zu uns steht. „Darum ist er der Mittler eines neuen Bundes; sein Tod hat die Erlösung von den im ersten Bund begangenen Übertretungen bewirkt, damit die Berufenen das verheißene ewige Erbe erhalten." (Hebr 9, 15)

Der neue Bund, den Christus durch seinen Tod mit uns schließt, ist nicht mehr ein Bund, der auf Gegenseitigkeit beruht, wie der Sinaibund, der von den Menschen verlangte, Gottes Gebote zu erfüllen. Es ist vielmehr ein einseitiger Bund. Gott selbst bindet sich an die Menschen, auch wenn diese wieder ihren Bund brechen. Der neue Bund in seinem Blute, den wir auch in jeder Eucharistie feiern, meint die absolute und bedingungslose Daseinsberechtigung, die absolute Zusage, daß Gott zu uns steht, daß er sich an uns bindet, daß er mit uns geht. Daher feiern wir in jeder Eucharistie die Gewißheit unseres Heiles, die Gewißheit, daß Gott zu uns steht, daß unsere Sünden vergeben sind, daß Gott sich bedingungslos an uns bindet, daß er uns bedingungslos annimmt und liebt. Die Not vieler Menschen ist die nur bedingt erfahrene Annahme durch Menschen, die bedingte Daseinsberechtigung. Wer nur unter der Bedingung sich als angenommen fühlt, daß er etwas leistet, daß er brav ist, daß er sich anpaßt, der kann nicht wirklich leben. Der wird - nach Frielingsdorf - Strategien des Überlebens entwickeln. Er wird immer mehr leisten wollen, sich immer mehr anpassen, nie seine Meinung, seine Gefühle sagen, nur um beliebt zu sein. Aber das ist eben kein Leben, sondern nur ein Überleben (Frielingsdorf, Vom Überleben zum Leben). Der neue Bund, den Christus uns durch seinen Tod vermittelt hat, ist die bedingungslose Annahme durch Gott. Wir haben nun freien Zugang zu Gott, wir sind absolut von ihm angenommen, bejaht. Er hat sich für immer und ohne jede Bedingung unsererseits an uns gebunden, um uns sein Heil und seine Liebe zuzusprechen.

Der Hebräerbrief faßt seine theologischen Ausführungen über die Erlösung durch Christus als Opfer, als Zugang zum Vater, als Stiftung eines neuen Bundes zusammen: „Wir haben also die Zuversicht, Brüder, durch das Blut Jesu in das Heiligtum einzutreten. Er hat uns den neuen und lebendigen Weg erschlossen durch den Vorhang hindurch, das heißt durch sein Fleisch." (Hebr 10,19f) Die ganzen Ausführungen über Opfer, über den neuen Bund, haben nur das eine Ziel, uns die Gewißheit zu schenken, daß wir einen Zugang haben zur himmlischen Welt, zum himmlischen Heiligtum, in dem Christus zur Rechten Gottes thront und für uns eintritt.

Wenn wir die Sprache des Hebräerbriefes in unsere Zeit übersetzen wollen, dann könnte uns die transpersonale Psychologie helfen, eine Sprache zu finden, die uns heute anspricht. Für den philosophisch gebildeten Autor ist der Zugang zur himmlischen Welt die eigentliche Erlösung. Christus ist in seinem Tod in die himmlische Welt eingetreten und hat sich zur Rechten Gottes gesetzt, um für uns einzutreten. Er weist uns auf die eigentliche Wirklichkeit hin. Es geht uns hier mit der Mühsal unseres Lebens, mit den Anfechtungen und Enttäuschungen besser, wenn wir wissen, daß das nicht die eigentliche Wirklichkeit ist, sondern nur der Durchgang zur himmlischen Wirklichkeit. Diese himmlische Wirklichkeit ist aber nicht völlig jenseitig. Sie ragt in unsere Welt hinein. Die transpersonale Psychologie will uns von der Ebene der weltlichen Erfahrung, von der Ebene der Gefühle und Leidenschaften, von der Ebene der Bestätigung und Anerkennung, hinführen zur eigentlichen Wirklichkeit, zur Realität Gottes in unserem Leben. Die jenseitige Welt, die himmlische Welt ist der Raum, in dem wir wahrhaft frei sind, in dem wir erst unsere eigentliche Berufung als Mensch leben können.

Das Allerheiligste, in das Christus ein für allemal eingegangen ist, ist auch der heilende und heilige Raum, in dem wir heil werden und geheiligt sind, d.h. in dem wir unsere eigentliche göttliche Würde entdecken. Die transpersonale Psychologie sagt uns, daß der Mensch erst dann ganz und heil wird, wenn er das Festklammern an seinem Ego aufgibt und sich der eigentlichen Wirklichkeit öffnet, der Wirklichkeit Gottes, wenn er sich nicht mehr von der Welt und ihren Maßstäben her, sondern von Gott her definiert. Die wahre Therapie ist für die transpersonale Psychologie die Dis-Identifikation, d.h. die Aufhebung der Identifizierung mit dieser Welt, mit der Meinung der andern, mit ihrer Zuwendung und Anerkennung. Wenn ich durch das Gebet mit der eigentlichen Wirklichkeit in Berührung komme, mit Gott, der der Grund allen Seins ist, dann verlieren viele Probleme ihre Dringlichkeit. Der Zugang zur eigentlichen Wirklichkeit, zum Allerheiligsten, ist die wahre Befreiung. Das Allerheiligste ist aber nicht nur der göttliche Bereich um mich herum, sondern auch in mir. Christus hat für den Hebräerbrief uns den Zugang zum Allerheiligsten in uns, zum göttlichen Bereich in uns, eröffnet und uns damit von der Macht dieser Welt befreit.

Für den Hebräerbrief ist der Glaube der eigentliche Zugang zu dieser göttlichen Wirklichkeit in unserem Leben. „Es ist aber Glaube ein Feststehen zu den Hoffnungsgütern, Überführtsein von nicht sichtbaren Wirklichkeiten." (11,1 Übers. Schierse) Im Glauben finden wir unsern Stand nicht in äußeren Dingen, nicht in der Anerkennung von Menschen, sondern in den Gaben, die Gott uns in Christus geschenkt hat. Und im Glauben werden wir innerlich bewegt, ergriffen von der jenseitigen Welt, von der eigentlichen Wirklichkeit. Im Glauben kommen wir in Berührung mit der Wirklichkeit Gottes in unserem Leben, die uns befreit vom Verhaftetsein an die Welt und ihre Leiden. Der Glaube wächst dabei im Blick auf Jesus Christus, „den Urheber und Vollender des Glaubens" (12,2). Der Glaube wächst nicht aus einer philosophischen Haltung heraus, sondern durch das Schauen auf Jesus Christus, der in das himmlische Heiligtum eingetreten ist. Und er wird befestigt durch das Leiden, das uns genauso erwartet wie Jesus Christus. Wie Jesus nur durch Leiden und Tod, durch Anfechtung und Mühsal hindurch in die himmlische Welt eingetreten ist, so können auch wir nur durch die Leiden und den Tod hindurch die innere Welt, die jenseitige Welt des Heils betreten. Das Leiden ist nicht Strafe, es ist auch keine Infragestellung der Erlösung, sondern es ist auch für uns der notwendige Durchgang zur wahren Wirklichkeit. Wir sollen auf Jesus schauen. „Er hat angesichts der vor ihm liegenden Freude das Kreuz auf sich genommen, ohne auf die Schande zu achten, und sich zur Rechten von Gottes Thron gesetzt." (12,2) Die vor uns liegende Freude auf die himmlische Welt, in die uns der Anführer des Heils, der Urheber des Glaubens, vorangegangen ist, gibt uns die Kraft, hier in dieser Welt getrost unsern Weg zu gehen, voll Zuversicht und Hoffnung auf Gott hin zu wandern.

Für den Hebräerbrief ist es wichtig, daß die Erlösung in Christus ein für allemal geschehen ist. Was heißt das? Im geschichtlichen Ereignis des Todes auf Golgotha ist Jesus ein für allemal in das himmlische Heiligtum eingetreten. Die Erlösung ist uns vorgegeben. Wir brauchen uns nicht selbst zu erlösen. Wir brauchen keine komplizierten Sühneriten mehr, um die Vergebung zu erlangen. Die Sünde ist für den Hebräerbrief das Trennende, das uns den Zugang zur eigentlichen Wirklichkeit verstellt. Jesus ist durch das Tor des Todes in das himmlische Heiligtum geschritten und hat sich zur Rechten Gottes gesetzt, um dort für uns einzutreten. Die Erlösung ist also ein geschichtliches Ereignis, ein für allemal geschehen. Aber damit sie uns erreicht, braucht es unseren Glauben, der durch das Sichtbare hindurchsieht auf die eigentliche Wirklichkeit, auf Christus, den Hohenpriester und Fürsprecher, der uns den Zugang zur himmlischen Wirklichkeit eröffnet hat. Das Leiden, das uns genauso wie Christus trifft, weist uns hin auf die eigentliche Wirklichkeit, die uns offensteht und die alles, was wir hier erleben, in ein anderes Licht taucht und uns Festigkeit und Freiheit der Welt und ihren Problemen gegenüber verleiht.

9. Andere biblische Bilder
(Kol, Eph, Pastoralbriefe, 1/2 Petr)

In den späteren Schriften des NT können wir noch viele Bilder von Erlösung finden, Bilder, die unser Herz jeweils anders ansprechen, die auf verschiedene Nöte und Sehnsüchte antworten. So antwortet der Kolosserbrief auf Bestrebungen, sich das Heil selbst zu erarbeiten durch bestimmte Rituale, durch Achten auf bestimmte Termine und Sternzeichen. Diese Tendenz kennen wir heute ja auch. Wir suchen nach vielen Techniken und Methoden, von denen wir unser Heil erwarten. Der Kolosserbrief zeigt uns, daß Christus Herr ist über alle Mächte und Gewalten, über alle Methoden, mit denen wir uns das Heil selbst verdienen wollen. Die einzigartige Stellung Christi als Haupt der Schöpfung befreit uns von dem krampfhaften Bemühen, uns selbst zu erlösen, und weist uns zugleich auf die kosmische Bedeutung der Erlösung hin. Durch den Menschen sind Einheit und Harmonie des Kosmos empfindlich gestört worden. „Es bedurfte daher der Versöhnung, die durch das Christusgeschehen gewirkt wurde, um die kosmische Ordnung wiederherzustellen. Das All ist versöhnt worden, indem durch die Auferstehung und Erhöhung Christi Himmel und Erde wieder in ihre durch Gottes Schöpfung bestimmte Ordnung zurückgebracht worden sind. Nun steht das All wieder unter seinem Haupt, und damit ist kosmischer Friede eingekehrt." (Lohse 101) Wir dürfen heute Erlösung nicht mehr weltlos und individualistisch verstehen, sondern müssen ihre kosmische Dimension bedenken. Die ganze Schöpfung sehnt sich nach Erlösung. Die Frage ist, wie wir heute im Sinn des Kolosserbriefes mit der Schöpfung umgehen müßten, wie die erlösende und befriedende Kraft Christi auch in unsere Beziehung zum Kosmos einströmen könnte.

Der Epheserbrief entfaltet die Theologie des Kolosserbriefes auf die Gemeinschaft der Kirche hin. Für ihn ist Christus unser Friede, der Juden und Griechen zu einem neuen Menschen gemacht hat. Gott hat uns in Christus aus dem unheilvollen Bereich dieser Welt in den Himmel versetzt, in einen Raum des Friedens und des Heils. Der Autor nennt diesen Bereich den Leib Christi. Es ist der Herrschaftsraum Christi, in dem der Mensch eine neue Weite und Tiefe bekommt. Und es ist der Raum der Kirche, in dem wir den Reichtum unseres erlösten Daseins erfahren können. Auch wenn uns die Sprache des Epheserbriefes heute fremd erscheint, so finden wir darin doch eine wichtige Botschaft für unsere Zeit. Da ist einmal der Gedanke, daß Erlösung wesentlich Friede ist. Jesus „stiftete Frieden... Er hat in seiner Person die Feindschaft getötet. Er kam und verkündete den Frieden: euch, den Fernen, und uns, den Nahen." (Eph 2,15ff). Unsere Verkündigung und unser Glaube würden nur dann der Botschaft dieses Briefes entsprechen, wenn sie friedenstiftend wären, wenn sie Wege aufzeigen würden, wie heute die Menschen der verschiedenen Kulturen und Rassen miteinander im Frieden leben können. Und der Epheserbrief fordert uns auf, unser Miteinander in der Kirche mit neuen Augen zu sehen. Trotz aller Menschlichkeit und Schwäche ist die Kirche doch der Herrschaftsbereich Christi, ein Raum, in dem wir unser wahres Menschsein entdecken, in dem wir unsere göttliche Würde erleben und in dem wir den Himmel als die eigentliche Dimension unserer Existenz erfahren können. Der Optimismus des Epheserbriefes täte uns heute gut. Er möchte uns anstecken und unsere Phantasie anregen, wie wir heute

Kirche leben könnten, damit wir darin den Ort der Erlösung und Freiheit, den Raum des Friedens und des göttlichen Segens spüren.

Eine ähnliche Vorstellung von Erlösung finden wir in der Apokalypse. Wir sind durch das Blut Christi erkauft worden, losgekauft aus dem Herrschaftsbereich des Satans. Wir sind mit einem Siegel versehen. Wir sind also mitten in dieser Welt in einem Schutzraum des Heils. Wir tragen das Siegel Christi auf unserer Stirne als Schutzzeichen, das uns die endgültige Erlösung am Jüngsten Tag garantiert. Das Siegel als Zeichen für den Schutzraum, in den uns die Erlösung versetzt hat, könnte uns wie den damaligen Christen Mut geben, mitten in dieser Welt zu leben, uns an ihren Auseinandersetzungen zu beteiligen und dennoch um die andere Dimension unseres Daseins zu wissen. Das Siegel darf auf keinen Fall dazu mißbraucht werden, ein christliches Getto in dieser Welt aufzurichten. Es ist vielmehr die Gewähr, sich ohne Angst auf diese Welt einzulassen, weil wir mitten im Kampf das Zeichen des Sieges mit uns tragen, weil wir mitten in der Welt um unsere Identität als erlöste Menschen wissen. Unser Leben beschränkt sich nicht auf die Probleme dieser Welt. Wir tragen das göttliche Siegel. Christus „hat uns zu Königen gemacht und zu Priestern vor Gottt, seinem Vater" (Offb 1,6).

Die Pastoralbriefe beschreiben die Erlösung in Jesus Christus mit dem hellenistischen Begriff der Erscheinung (Epiphanie), „der bereits in der hellenistischen Literatur und in der Sprache der griechischen Bibel die zur Rettung und Hilfe der Menschen erfolgende Erscheinung Gottes oder der Götter bezeichnet" (Gnilka, Theologie 108). Gottes Gnade ist uns in Jesus Christus erschienen, um uns und alle Menschen zu retten (Vgl. Titus 2,11). Christus ist unser Gott und Retter. Er errettet uns von der Gottlosigkeit dieser Welt und läßt uns „besonnen, gerecht und fromm in dieser Welt" (Titus 2,12) leben. Der Titusbrief kennzeichnet das Erscheinen der Gnade Gottes, die uns rettet, so: „Erschienen ist die Güte und Menschenliebe Gottes, unseres Retters" (Titus 3,4). Dieser Satz war für den Philosophen Peter Wust in seinem Sterben letzter Trost. Inmitten der unmenschlichen Nazi-Herrschaft war das Erscheinen der Humanitas, der Menschlichkeit Gottes in Christus der Inbegriff von Erlösung. So könnte auch uns heute der Blick auf die Menschlichkeit, die uns in Christus erschienen ist, „besonnen, gerecht und fromm in dieser Welt" (Titus 2,12) leben lassen. Er könnte uns neue Möglichkeiten des Menschseins aufzeigen, eine Humanitas, die unsere Welt menschlicher werden läßt. Gott erlöst uns nach dem Titusbrief, indem er in seinem Sohn das Bild echter Menschlichkeit erscheinen läßt. Gott erlöst uns zum Menschen, zu gelungener Menschwerdung. In Christus leuchtet uns das Bild des Menschen auf, wie es von Gott ursprünglich gemeint ist und wie es auch in uns Wirklichkeit werden möchte.

Zwei Bilder von Erlösung sprechen mich in den beiden Petrusbriefen an. Da ist einmal das Bild der Höllenfahrt Christi, das auf 1 Petr 3,19f zurückgeht. Es zeigt einmal die Universalität des Heils. Dann aber ist es ein schönes Bild dafür, daß Christus in seinem Tod in den Urgrund der Welt hinabgestiegen ist, um die unbewußten Voraussetzungen unseres Lebens zu erlösen und zu verwandeln. Er ist auch in mein Totenreich hinabgestiegen, in das ich alles hinabgestoßen habe, was ich verdrängt habe, was ich ausgeschlossen habe vom Leben, weil es mir Angst gemacht hat. Erlösung heißt, daß Christus mit seinem Licht hinabsteigt in mein Grab, in meinen Schatten, um auf dem Grund meiner Seele alles zu erhellen und zu heilen. Erlösung geschieht in der Tiefe des Unbewußten. Sie verändert die Voraussetzungen meines Denkens und Fühlens. Bevor ich anfange zu leben, bin ich in meiner Tiefe berührt von der erlösenden Kraft Christi. Das andere Bild finden wir im 2. Petrusbrief. Mitten im Dunkel unserer Welt ist uns das Licht Christi aufgestrahlt. „Es ist ein Licht, das an einem finsteren Ort scheint, bis der Tag anbricht und der Morgenstern aufgeht in eurem Herzen." (2 Petr 1,19) Christus ist mitten im Durcheinander unserer Zeit wie ein Licht, das die Dunkelheit erhellt. Er hat uns der Welt und ihrer Begierde entrissen und schenkt uns Anteil an der göttlichen Natur (2 Petr 1,4). Der 2. Petrusbrief beschreibt die Apostel als Eingeweihte, denen die göttliche Herrlichkeit und Kraft auf dem Berg der Verklärung enthüllt worden ist. Christus ist mit göttlicher Kraft erfüllt. Er erlöst uns, indem er uns an der göttlichen Natur Anteil gibt und uns mit göttlicher Kraft erfüllt. „Das Heil des Menschen ist die Teilhabe an der göttlichen Natur, die das Leben in Gott, Erkenntnis Gottes und unvergängliches Wesen des Menschen begründet." (Grundmann, 2 Petr, 77) Die unerlöste Welt ist gekennzeichnet von Begierden, die den Menschen beherrschen. Indem uns Christus göttliche Kraft schenkt, ermöglicht er uns Selbstbeherrschung, befähigt er uns zu echter Menschwerdung. Während Erlösung als Vergöttlichung bei Johannes eher das Einswerden mit Gott in der Liebe meint, werden wir nach 2 Petr erlöst, indem uns Christus mit göttlicher Kraft erfüllt. Die göttliche Kraft entreißt uns der Macht der Begierden und schenkt uns Freiheit und Selbstbeherrschung. Hier wird die Sehnsucht der Griechen nach gelungener Menschwerdung angesprochen. Es ist auch unsere Sehnsucht heute. Wir sehnen uns danach, frei und echt zu sein, wir sehnen uns nach Selbstwerdung. Aber zugleich spüren wir, wie wir sie oft verfehlen, wie wir von andern bestimmt werden, wie die eigenen Begierden uns beherrschen. In Christus, so sagt uns der 2. Petrusbrief, ist uns das göttliche Licht aufgeleuchtet, das uns einen Weg in dieser dunklen Welt zeigt. Und in ihm haben wir Anteil an der göttlichen Natur, durch ihn werden wir mit göttlicher Kraft beschenkt und so befähigt, wahrhaft Mensch zu werden. Wir haben in uns ein anderes Leben, das göttliche Leben, das wie ein Licht leuchtet am dunklen Ort. Der Glaube an das göttliche Licht in unserem Herzen läßt uns in der Dunkelheit dieser Zeit gelassen und zuversichtlich leben. Die Erlösung ist eine innere Gewißheit, die Ahnung von dem göttlichen Leben, das in uns ist.

So sind es viele Bilder, mit denen uns die Bibel das Geheimnis der Erlösung beschreibt. Die biblischen Autoren wählen jeweils Bilder von Erlösung, die eine Antwort geben auf die Not und die Sehnsucht ihrer Zeit. Nicht jede Zeit hat die gleichen Nöte und nicht alle Menschen haben zu gleicher Zeit dieselben Probleme. So können wir nicht sagen, daß heute eine einzige biblische Botschaft unser Herz ansprechen kann. Es sind viele Erfahrungen, die unser Herz prägen, je nach der persönlichen Situation und je nach den gesellschaftlichen Einflüssen. Die vielen biblischen Bilder sind Gottes Angebot, um uns mit der Frohen Botschaft von unserer Erlösung in Jesus Christus anzusprechen und anzurühren. Wenn wir die verschiedenen Bilder von Erlösung betrachten, wenn wir sie in der Liturgie feiern und wenn sie unser Leben, unsere Gespräche und Begegnungen, unser Denken und Tun prägen, dann geschieht Erlösung an uns, dann begegnen wir in den Bildern dem Gott, der uns heute erlöst und befreit. In den Bildern erreicht uns die Erlösung, die in der Vergangenheit in Jesus Christus, in seinem Leben, Sterben und Auferstehen, geschehen ist. Aber in den Bildern erfahren wir auch den gegenwärtigen Gott, der immer der erlösende ist und der uns auch heute so erlösen möchte, wie er es in Jesus Christus auf einmalige Weise dargestellt hat.

Zugleich aber zeigen uns die Bilder, daß die Erlösung durch Christus noch nicht vollendet ist. Im Titusbrief heißt es, daß wir durch die Gnade Christi befähigt wurden, in dieser Welt besonnen, gerecht und fromm zu leben, „während wir auf die selige Erfüllung unserer Hoffnung warten, auf das Erscheinen der Herrlichkeit unseres großen Gottes und Retters Christus Jesus" (Tit 2,13). Die Erlösung, die in Christus geschehen ist, will zuerst uns ergreifen und verwandeln im Gebet, in der Liturgie, in der Meditation, im Gespräch. Sie will durch unser Tun diese Welt erlösen. Und sie wird sich ganz durchsetzen im Tod jedes einzelnen und am Ende der Welt, wenn ein neuer Himmel und eine neue Erde die Erlösung in Christus widerspiegeln werden: „Gott wird bei ihnen sein. Er wird alle Tränen von ihren Augen abwischen: Der Tod wird nicht mehr sein, keine Trauer, keine Klage, keine Mühsal. Denn was früher war, ist vergangen. Er, der auf dem Thron saß, sprach: Seht, ich mache alles neu" (Offb 21, 3-5).

Schluß

Die vielen biblischen Bilder von Erlösung haben vielleicht deutlich werden lassen, daß das Geheimnis der Erlösung weiter und tiefer ist, als daß es in einem einzigen Satz ausgedrückt werden kann. Erlösung ist die Mitte unseres Glaubens. Wir glauben an den Gott, der seit Urzeiten der Erlösende und Befreiende ist, der uns aus der Angst befreit, der uns aus der Macht der Feinde errettet, der uns zu Hilfe kommt, wenn wir nicht mehr weiter wissen und nur noch verzweifelt schreien. Wir können nicht an Gott glauben, ohne sein erlösendes und befreiendes Wirken zu verkünden. Und zugleich antwortet die Botschaft von der Erlösung auf unsere tiefste Sehnsucht. Denn wenn wir uns und unsere Situation ehrlich anschauen, so sind wir nicht einfach zufrieden. Wir leiden an uns selbst, an unsern Fehlern und Schwächen, an unserem Versagen. Wir leiden an den Zwängen, denen wir unterworfen sind, an den Begierden, die uns beherrschen (2 Petr), an der Unfreiheit, an der inneren Gefangenschaft. Wir leiden an der Schuld, in die wir immer wieder geraten, ob wir wollen oder nicht. Und wir leiden an der Sinnlosigkeit, an der Verzweiflung, an der eigenen Vergänglichkeit und Sterblichkeit. Gott gibt uns eine Antwort auf unser Leiden. Aber diese Antwort heißt nicht, daß es keine Not und keine Verzweiflung mehr gibt. Das entspräche zwar unserer Erwartung, aber es wäre unrealistisch und würde uns nicht weiterbringen. Erlösung besteht nicht in der Aufhebung aller Nöte, aller Bedrängnisse, sondern in der Befreiung mitten in unserer Unfreiheit, in der Errettung aus unserer Not, in der Vergebung unserer Sünden und in der Verwandlung unserer Schuld und unserer Not in einen Weg zu Gott und zum wahren

Leben. Erlösung will immer wieder neu geschehen. Gott will an uns heute Erlösung bewirken, aber er will auch, daß sie durch uns füreinander geschieht.

Vor zwei Gefahren müssen wir uns hüten, wenn wir von Erlösung sprechen, von der Gefahr der Fixierung auf die Vergangenheit, und von der Gefahr, Erlösung isoliert im Tod Jesu zu sehen. Wenn wir sagen, daß Christus uns erlöst hat, dann drücken wir damit zurecht aus, daß uns die Erlösung vorgegeben ist, daß wir uns nicht selbst erlösen müssen. Aber wir dürfen die Erlösung in Christus nicht so sehen, als ob vor und außer Christus nie Erlösung geschehen wäre. Gott ist für die Bibel immer der Erlöser und Befreier, der Retter, unser Heil und unser Licht. Die Frommen des Alten Testamentes erfuhren genauso wie die frühen Christen, die in den Psalmen ihre Gotteserfahrung ausgedrückt haben, Gott als den, der immer wieder herausreißt aus aller Not. Tag für Tag greift Gott in unser Leben erlösend ein. So beten wir im Psalm 18: „Er entriß mich meinen mächtigen Feinden, die stärker waren als ich und mich haßten... Er führte mich hinaus ins Weite, er befreite mich, denn er hatte an mir Gefallen." (Ps 18,18.20). Und in Psalm 27 beten wir: „Der Herr ist mein Licht und mein Heil: Vor wem sollte ich mich fürchten? Der Herr ist die Kraft meines Lebens: Vor wem sollte mir bangen?" (Ps 27,1) Wir können also nicht sagen, daß uns Gott nur damals in Christus erlöst hat. Was in Jesu Leben, Tod und Auferstehung geschah, hat vielmehr offenbar gemacht, was Gott immer an uns tut. Gott als der, der unsere Wunden heilt, hat sich in Christus als unser Heiland, als Arzt unserer Seelen, auf neue Weise geoffenbart. Gott als der, der uns aus der Hand der Feinde befreit, hat in Jesus uns von der Macht der Dämonen, von fremden

Kräften und Zwängen, befreit. Gott, der uns täglich unsere Schuld vergibt, hat in Jesu Zuwendung zu den Sündern seine vergebende Liebe erfahrbar werden lassen. Und diese Liebe, die auch die Sünden vergibt, ist im Tod Jesu am Kreuz am klarsten und reinsten erschienen, eine Liebe, die sich bis in den Tod vorwagt, die sich bis in die eigene Ohnmacht hinein an die Menschen verschenkt, eine Liebe, die selbst die Mörder noch liebt. Wenn wir sagen, daß Christus uns durch seinen Tod am Kreuz erlöst hat, dann heißt das, daß Gottes erlösendes Handeln im Tod Jesu auf einmalige und nicht mehr zu überbietende Weise sichtbar geworden ist, daß Gottes befreiendes und erlösendes Tun dort seinen geschichtlichen Höhepunkt erreicht hat. Im Tod Jesu ist Gott ein für allemal als der erlösende und befreiende Gott erkennbar geworden, da hat er uns seine Erlösung auf unzweideutige Weise mitgeteilt und dadurch sein erlösendes Tun, das immer geschieht, erklärt und erhellt.

Gott hat uns in Christus zwar ein für allemal erlöst. Aber die Erlösung will immer wieder neu an uns geschehen. Sie geschieht durch Gott. Aber Gott hat uns durch Christus auch zu Königen und Priestern berufen, die in dieser Welt Erlösung vermitteln sollen. Erlösung meint also einen erlösenden und befreienden Prozeß, der durch Jesus Christus auf einmalige Weise angestoßen worden ist, der aber jetzt durch uns in dieser Welt weitergehen möchte. Wir sollen den Traum Jesu von einem freien und erfüllten Leben immer wieder neu träumen. Wir sollen einander unsere Schuld vergeben und so einen Freiraum der Vergebung und Versöhnung eröffnen. Wir sollen in dieser Welt Versöhnung und Frieden stiften. Wir sind aufgerufen, gegen alle Unfreiheit und Zwänge anzukämpfen, im persönlichen Gespräch Zwänge aufzudecken, aber auch im politischen Engagement Unheilsstrukturen zu verändern, heilende Strukturen zu schaffen und für Frieden und Gerechtigkeit in dieser Welt zu kämpfen. Die Kirche ist ein bevorzugter Ort, an dem Erlösung geschehen möchte. Sie feiert immer wieder die Liturgie, in der die Erlösung in Jesus Christus gegenwärtig wird. Sie feiert die Sakramente, die uns das Heil vermitteln. Aber sie müßte auch in ihrer Art und Weise, wie Menschen in ihr miteinander leben und arbeiten, Zeugnis für das erlösende und befreiende Wirken Jesu geben. Und sie ist dazu berufen, Sauerteig der Erlösung für diese Welt zu sein, durch ihre Botschaft, aber auch durch ihr Engagement für die Welt.

Die zweite Gefahr ist die Fixierung auf den Tod Jesu. Paulus hat zurecht das Wort vom Kreuz als Mitte und Maßstab jeder christlichen Verkündigung gesehen. Die Rede vom Kreuz Christi ist für ihn die „kritische Potenz" des Evangeliums. (U. Luz, in Kertelge 126). Für Paulus ist der gekreuzigte Christus „das letzte und entscheidende Offenbarungswort Gottes" (Kertelge 132). Das Kreuz wird für ihn „zum äußersten und dichtesten Ausdruck der Gegenwart Gottes in Christus" (Ebd 135). Das darf aber nicht dazu führen, daß wir das Leben Jesu überspringen. Die Evangelien sind der notwendige Hintergrund, auf dem wir die paulinische Verkündigung vom gekreuzigten Christus als Selbstoffenbarung Gottes sehen müssen. Für die Evangelien geschieht die Erlösung in allem, was Jesus tut, in seinen Worten, in seinen Heilungswundern, in seiner Begegnung mit Menschen. Der Tod am Kreuz faßt nur zusammen, was Jesus in seiner Verkündigung sagen wollte: „Das Reich Gottes ist nahe. Kehrt um, und glaubt an das Evangelium!" (Mk 1,15) Die vier verschiedenen Bilder von Erlösung in den vier Evangelien sehen dabei die Beziehung zwischen dem irdischen Wirken Jesu und seinem Tod am Kreuz jeweils anders. Für Matthäus ist der Tod am Kreuz der höchste Ausdruck der vergebenden Liebe Gottes. Für Markus ist das Kreuz der Gipfel des befreienden Wirkens Jesu. Jesus, der besessene Menschen aus der Macht der Dämonen befreit, vollendet seinen Sieg über die dämonische Finsternis im lauten Todesschrei, der zugleich ein Siegesschrei ist. Für Lukas ist der Tod Jesu am Kreuz der Test auf die Richtigkeit des Neuen Weges, den Jesus verkündet, und den er uns als Anführer des Lebens vorausgeht durch den Tod hindurch zur Auferstehung. Für Johannes vollendet sich die Vergöttlichung durch die Menschwerdung Christi im Tod. Da wird der heilende und vergöttlichende Geist auf alle Menschen ausgegossen, und zwar als Liebe, die den Menschen durchdringt und verwandelt. Die Evangelien sehen also den Tod Jesu nie isoliert, sondern immer im Zusammenhang mit seinem Leben und Wirken.

Wir müssen daher alle Aussagen, die so tun, als ob nur durch den Tod Jesu am Kreuz Erlösung geschehen sei, als unbiblisch erkennen. Jesu Tod am Kreuz war die klarste Offenbarung der göttlichen Liebe, die vergibt, und der Ort der radikalsten Befreiung aus allen Zwängen. Das Kreuz ist auch der Gipfel der vergebenden und befreienden Selbstmitteilung Gottes. Und somit vermittelt das Kreuz uns auch die Erlösung. Indem wir auf das Kreuz schauen, indem wir in den Sakramenten Jesu Leben, Sterben und Auferstehen als gegenwärtig erfahren, bekommen wir Anteil an der Erlösung durch Christus. Gott, der sich durch die Zeiten hindurch immer wieder den Menschen mitgeteilt hat als der erlösende und befreiende Gott, hat dies am deutlichsten in seinem Sohn

Jesus Christus getan. Dabei wird das Wirken Jesu in seinem Leben, seine Begegnung mit den Menschen, seine Heilungswunder, seine Botschaft, in seinem Tod am Kreuz zusammengefaßt. Gott hat sich in der Geschichte Jesu und da auf eindeutigste Weise in seinem Tod am Kreuz als der erlösende und befreiende, als der vergebende und vergöttlichende Gott mitgeteilt. Und insofern können wir auch sagen, daß Tod und Auferstehung Jesu unsere Erlösung bewirken. Denn da ist etwas geschehen, da hat sich Gott in der Geschichte geoffenbart, da hat er sich in einem geschichtlichen Ereignis auf unüberbietbare Weise uns mitgeteilt. Aber wir dürfen die Erlösung im Tod am Kreuz nicht magisch verstehen, als ob da die gesamte Summe von Schuld durch eine Leistung Jesu abbezahlt worden wäre. Wir können nur im Sinne der Bibel sagen, daß uns Christus durch seinen Tod am Kreuz erlöst hat, wenn wir es mit seinem Leben zusammensehen und wenn wir es auf dem Hintergrund des schon immer erlösenden Gottes betrachten.

Ich höre immer wieder, wie Leute biblische Formeln wiederholen. Sie meinen, nur der werde der biblischen Lehre gerecht, der wörtlich immer wieder die gleichen Worte der Bibel rezitiert. Aber oft steckt hinter dem Wiederholen solcher Worte eine blasphemische Sicht von Gott, oft genug auch eine blutrünstige Sicht. Theologie bedeutet, daß wir die biblischen Formeln nach ihrer wahren Bedeutung befragen. Die Bedeutung kann uns aufgehen durch den Rückgriff auf die theologische Tradition der Kirche, aber auch durch den Vergleich mit der Symbolik, wie sie in der frühen Theologie und wie sie heute in der Psychologie verwendet wird. Deshalb haben wir versucht, die verschiedenen Bilder von Erlösung mit einigen psychologischen Schulen zu vergleichen, damit wir auch verstehen können, was die Bibel über die Erlösung sagt. So sollte deutlich werden, daß Erlösung nicht etwas Weltfremdes und Theoretisches ist, sondern unser konkretes Leben betrifft. Die Botschaft von der Erlösung antwortet auf unsere tiefste Sehnsucht nach Freiheit und Echtheit, auf unsere Sehnsucht nach gelungener Menschwerdung und auf unsere mystische Sehnsucht nach dem Einswerden mit Gott, nach dem Verwandeltwerden in das Bild Gottes in uns.

Die Botschaft von der Erlösung erreicht aber die Menschen heute kaum mehr. Religionslehrer klagen, daß sie keine Sprache finden, um die christliche Botschaft so zu verkünden, daß die Menschen sie verstehen und sich davon angesprochen fühlen. Es braucht ein immer neues Ringen um eine Sprache, die Erlösung so beschreibt, daß sie uns im Herzen trifft. Natürlich braucht es nicht nur das Bemühen um eine neue Sprache, sondern auch ein Herz, das bereit ist, sich ansprechen zu lassen. Auch am Ende dieser Kleinschrift bin ich nicht zufrieden mit dem Versuch, eine neue Sprache zu finden. Ich spüre, daß ich doch oft noch religiöse Formeln gebrauche, ohne sie so übersetzen zu können, daß sie jeden erreichen. So muß ich mich damit begnügen, einige Anstöße zu geben, wie wir Erlösung so erklären können, daß sie uns innerlich bewegt, daß sie auf unsere tiefsten Fragen antwortet und uns einen Weg der Freiheit und Liebe, einen Weg des Friedens und der Versöhnung, einen Weg des Lebens und gelungener Menschwerdung weist.

Entscheidend ist mir, wie und wo wir heute Erlösung erfahren können. Die theologische Reflexion über das Geheimnis der Erlösung will uns nicht bloß theoretische Antworten geben, sondern uns einweisen in das Geheimnis der Erlösung in unserem Leben. Ich erfahre in meinem Leben beides: das Leiden an mir selbst, an den Menschen um mich herum und an dieser Welt; aber auch Augenblicke, in denen ich spüre: es ist alles gut. Ich erlebe Augenblicke tiefsten Friedens und Versöhntseins, wahrer Freiheit und Stimmigkeit. Da wird dann für mich Gewißheit, daß Gott mich erlöst. Da spüre ich in der Begegnung mit Christus, daß er meine Wunden heilt, daß sein liebender Blick mich aufrichtet und befreit. Und ich erfahre manchmal in der Meditation und manchmal bei der Kommunion, daß ich eins bin mit Gott, daß göttliches Leben, göttliche Liebe mich durchdringt und alles in mir verwandelt. Das sind dann Augenblicke, in denen die Erlösung gegenwärtig wird, in denen sie spürbar, fühlbar wird. Da weiß ich tief in meinem Herzen, daß es stimmt, was ich immer wieder in der Bibel lese: „Er liebt uns und hat uns von unseren Sünden erlöst durch sein Blut; er hat uns zu Königen gemacht und zu Priestern vor Gott, seinem Vater. Ihm sei die Herrlichkeit und die Macht in alle Ewigkeit. Amen." (Offb 1,5f)

LITERATUR

Rudolf Affemann, Sünde und Erlösung in tiefenpsychologischer Sicht, in: Erlösung und Emanzipation, hrg. v. Leo Scheffczyk, Freiburg 1973,15-29

Johannes Beutler, Die Heilsbedeutung des Todes Jesu im Johannesevangelium nach Joh 13,1-20, in Der Tod Jesu, 188-204

Elisabeth Fiorenza, Der Anführer und Vollender unseres Glaubens -Zum theologischen Verständnis des Hebräerbriefes, in: Gestalt und Anspruch des Neuen Testamentes, hrg. v. Josef Schreiner, Würzburg 1969, 262-281

Karl Frielingsdorf, Vom Überleben zum Leben, Main 1989.

Joachim Gnilka, Wie urteilte Jesus über seinen Tod?, in: Der Tod Jesu. Deutungen im Neuen Testament, hrg. v. Karl Kertelge, Freiburg 1976, 13-50

Erich Grässer, An die Hebräer, Zürich 1990

Gisbert Greshake, Der Wandel der Erlösungsvorstellungen in der Theologiegeschichte, in: Erlösung und Emanzipation 69-101

Alois Grillmeier, Die Wirkung des Heilshandelns Gottes in Christus, in MySal 3,2, 327-391.

Anselm Grün, Erlösung durch das Kreuz. Karl Rahners Beitrag zu einem heutigen Erlösungsverständnis, Münsterschwarzach 1974.

Walter Grundmann, Das Evangelium nach Markus, Berlin 1984.

Walter Grundmann, Das Evangelium nach Matthäus, Berlin 1968.

Walter Grundmann, Das Evangelium nach Lukas, Berlin 1966.

Walter Grundmann, Der Brief des Judas und der zweite Brief des Petrus, Berlin 1986.

Karl Kertelge, Das Verständnis des Todes Jesu bei Paulus, in: Der Tod Jesu 114-136

Norbert Lohfink, Heil als Befreiung in Israel, in Erlösung und Emanzipation 30-50

Eduard Lohse, Die Briefe an die Kolosser und an Philemon, Göttingen 1968.

Claus-Peter März, Hebräerbrief, Würzburg 1989

Jürgen Moltmann, Der gekreuzigte Gott. Das Kreuz Christi als Grund und Kritik christlicher Theologie, München 1972.

Franz Joseph Schierse, Der Brief an die Hebräer, Düsseldorf 1967

Rudolf Schnackenburg, Befreiung nach Paulus im heutigen Fragehorizont, in: Erlösung und Emanzipation 51-68

Rudolf Schnackenburg, Ist der Gedanke des Sühnetodes Jesu der einzige Zugang zum Verständnis unserer Erlösung durch Jesus Christus?, in Der Tod Jesu, 205-230

Heinz Schürmann, Jesu ureigener Tod. Exegetische Besinnungen und Ausblick, Freiburg 1975

Raymund Schwager, Jesus im Heilsdrama. Entwurf einer biblischen Erlösungslehre, Innsbruck 1990

Lorenz Wachinger, Gespräche über Schuld, Mainz 1988.

MÜNSTERSCHWARZACHER KLEINSCHRIFTEN

Schriften zum geistlichen Leben   ISSN 0171-6360

Vier-Türme-Verlag
D-97359 Münsterschwarzach Abtei

Telefon 0 93 24/20-2 92
Telefax 0 93 24/20-4 52